مبادئ

تعليم اللغة العربية

(قواعد النطق والكتابة)

إهـــــداء

إلى روح شيخي

الأستاذ الدكتور

محمد بكر إسماعيل

رحمه الله تعالى

الدكتور محمود عكاشة

الدكتور محمود عكاشة

مبادئ
تعليم اللغة العربية
(قواعد النطق والكتابة)

بطاقة فهرسة

فهرسة أثناء النشر إعداد الهيئة العامة لدار الكتب والوثائق القومية

إدارة الشئون الفنية

عكاشة، محمود

مبادئ تعليم اللغة العربية (قواعد النطق والكتاب) د.محمود عكاشة –

ط1- القاهرة: دار النشر للجامعات، 2008.

160ص ، 24 سم.

تدمك 977 316 2672

1- اللغة العربية – تعليم وتدريس

2- اللغة العربية - النطق

أ- العنوان   418.2

حقـــوق الطبــــع:	محفوظة للناشر
الـنــــــــاشر:	دار النشر للجامعات
رقـــم الإيـــداع:	2008/7747م
الترقـيـم الــدولي:	I.S.B.N: 977 – 316 – 267 - 2
الكـــــــــــود:	2/226
تحـــــــــذير:	

دار النشر للجامعات

ص.ب (130 محمد فريد) القاهرة 11518

ت: 26347976 – 26321753 ف: 26440094

E-mail: darannshr@link.net

4

بسم الـلـه الرحمن الرحيم

مقدمة

الحمد لله الذي اصطفى العربية لساناً لكتابه العظيم، فقال: ﴿ بِلِسَانٍ عَرَبِيٍّ مُّبِينٍ ﴿١٩٥﴾ ﴾ [الشعراء]. وأصلي وأسلم على سيدنا محمد ﷺ صلاة وسلاماً تبلغه إلى يوم الدين، ثم أما بعد:

فاللغة العربية أطول اللغات العالمية عمراً وأكثرها تراثاً وأغزرها دلالة وأبلغها معنى، وقد استطاعت عبر تاريخها الطويل أن تفي بحاجات أهلها وأن تعبر عنهم، واستطاعت عن جدارة أن تقوم بدورها في تلبية متطلبات التطور، وسجلت كافة الإنتاج الأدبي والعلمي، وصارت سجلاً أميناً لكل جوانب الحياة، ومازالت لغة الخطاب اليومي — وستظل بإذن الـلـه إلي يوم القيامة — تعبر عن كل أبناء العروبة والإسلام ومحبيها، وقد رأينا — من جانبنا— أن نقدم إسهاماً متواضعاً في تعليم اللغة العربية، فاللغة العربية تعيش محنة عصيبة بين أهلها، وتواجه حروباً دامية، وتوجه إليها الطعنات من أعدائها ومن بعض الذين ينتسبون إليها ممن فقدوا ولاءهم وهويتهم.

والعيب لا يكمن في العربية بل العيب في أهلها الذين تخلفوا عن المشاركة في الحضارة الحديثة، فالعربية ليست لغة الحضارة المعاصرة، ومن ثم لا تجد نفسها بين لغات الأمم المتقدمة ولا تحظى بعناية كافية ، ولن تسترد العربية عافيتها ومكانها إلا بعد أن يسترد الإسلام مكانه في قلوب المسلمين، وأن يشارك المسلمون مشاركة فعالة في الحضارة العالمية، فاللغة ترتبط بحضارة الأمة التي تتكلمها فتنهض بنهوضها وتضعف بضعفها، والعربية لغة دين ولغة حضارة ولغة أكبر تراث عالمي، فليست عاجزة عن مزاحمة اللغات المعاصرة في ميادين العلوم، ولديها القدرة على التعبير عن حاجات المجتمع وأنماط خطابه المتنوعة.

وقد وضَعْتُ كتابي هذا في تعليم قواعد النطق والكتابة فقط لحاجة المبتدئ إليها، وقد أردفت كتابي هذا بمؤلَّف آخر في الأصوات والصرف والنحو (اللغة العربية الميسرة)، وهذا عمل ضئيل متواضع مني فيما استوجب عليّ نحو لغة القرآن الكريم.

ونسأل اللـه العلي العظيم أن ينفع بهذا الكُتيب قارئيه، وأن يشرح صدورهم لتقبله وأن يعينهم على فهمه، إنه ولي ذلك والقادر عليه، وآخر دعوانا أن الحمد لله رب العالمين.

د. محمود أبو المعاطي عكاشة
محمد فريد – القاهرة

حروف الهجاء ومخارجها وصفاتها

حروف الهجاء في اللغة العربية تسعة وعشرون حرفاً، هي: الهمزة «ء»، والألف «ا»، والباء «ب»، والتاء «ت»، والثاء «ث»، والجيم «ج»، والحاء «ح»، والخاء «خ»، والدال «د»، والذال «ذ»، والراء «ر»، والزاي «ز»، والسين «س»، والشين «ش»، والصاد «ص»، والضاد «ض»، والطاء «ط»، والظاء «ظ»، والعَيْن «ع»، والغَيْن «غ»، والفاء «ف»، والقاف «ق»، والكاف «ك»، واللام «ل»، والميم «م»، والنون «ن»، والهاء «هـ»، والواو «و»، والياء «ي».

هذه أحرف اللغة العربية الأساسية التي تبنى منها كلمات اللغة، وتوجد أصوات أخرى ثانوية تصاحب نطق هذه الأصوات مثل الفتحة، والضمة، والكسرة، وتوجد أصوات أخرى تنتج من تجاور بعض الأصوات، مثل الميم الخفيفة التي تنتج من مجاورة النون الساكنة الباء في نحو: «ذَنْب»: ذمب. وغير ذلك من الأصوات غير الأساسية في اللغة.

ويطلق العلماء على المناطق التي تخرج منها الأصوات تجاوزاً الجهاز النطقي أو الجهاز الكلامي، ويعني به أعضاء النطق، وهذه الأعضاء يقاسم الجهاز التنفسي الجهاز الهضمي في بعضها، وبعضها يتبع أحد الجهازين، وأعضاء النطق توجد فى التجويف الفموي إضافة إلى الشفتين، والتجويف الحلقي، والحنجرة، وتعد الرئتان مصدر الهواء، والقصبة الهوائية القناة التي يعبر فيها إلى الحنجرة ثم الحلق ثم الفم.

وتنطق الأصوات خلال خروج الهواء (في عملية الزفير)، وذلك من خلال اصطدام تيار الهواء بموضع نطق الصوت، أو احتكاكه به، وقد يصاحب خروج الصوت اهتزاز الغشائين الصوتيين[1]، وقد لا يهتزان، وقد يحبس الهواء فينطق الصوت، وقد لا يحبس، وقد يقع في الصوت تفخيم أو تغليظ عندما ترتفع مؤخرة اللسان فيه، وقد لا يقع ذلك، وينتج عن ذلك اختلاف بين الأصوات.

---

١ (١) يطلق على الغشاءين الرقيقين بالحنجرة الأوتار الصوتية تشبيهاً بأوتار الآلة، وليسا أوتاراً بل غشاءين يمتدان على جدار الحنجرة ويتصلان من الأمام، ويلتقيان أو ينفرجان أو يقتربان من الخلف.

ويمر الصوت بحجرات رنينية تزيده قوة وعلواً، وهي تجاويف الحنجرة، والحلق، والفم، والأنف.

وينطق الصوت اللغوي خلال مرور تيار الهواء بالمخرج الذي يتعلق بنطق الصوت، فتيار الهواء الذي ينطلق من الرئتين مصدر الصوت، وتعد الحنجرة أعمق مخرج صوتي، فأول الأصوات باعتبار عمق المخرج — الهمزة، والهاء، ومخرجهما الحنجرة، ويلي الحنجرة مباشرة منطقة الحلق، ثم منطقة الطبق أو سقف الحنك الرخو، وتجاور اللّهاة هذه المنطقة من الداخل، ويعد اللهاة بوابة فتحة الأنف الداخلية التي تفتح على الحلق مباشرة، وتعرف هذه الفتحة بالخيشوم، ويتصل بسقف الحنك الرخو «الغار» أو سقف الحنك الصُّلب، وهو التجويف الداخلي الذي يشبه القبو فوق ظهر اللسان، ويعطي هذا التجويف مساحة لحركة اللسان في الفم، ويتصل سقف الحنك الصلب باللثة التي تثبت فيها الأسنان، ويعرف الجزء الذي فيه الأسنان بالفك العلوي وله نظير سفلي، ويعد الفك العلوي أهم وظيفة في نطق الأصوات من الفك السفلي، فمعظم الأصوات مخارجها في الفك العلوي الذي يشترك معه اللسان في نطق الأصوات اللثوية **(ن، ل، ر)**، والأصوات الأسنانية اللثوية **(ت، د، ز، س، ص، ض، ط)**، والأصوات الأسنانية **(ث، ذ، ظ)**. ويعاونه الفك السفلي، وترجع أهمية الفك السفلي إلى الحركة التي يتميز بها، وهي التي تمكن اللسان من الحركة، وتساعد في نطق الأصوات.

والشفتان بوابة الفم الرئيسة، وتشاركان في نطق أربعة أصوات: الفاء، وتنطق باتصال الثنيتين العليين مع الشفة السفلى، وتنطق الواو والباء والميم من الشفتين، وللشفتين قدرات عالية على الحركة في اتجاهات مختلفة ولحركتهما أشكال متعددة، ويشارك الأنف بنصيب ضئيل في الكلام، وذلك بالغُنَّة في نطق صوتي الميم والنون، فصدى هذين الصوتين يحدث في تجويف الأنف، ولهذا لا يستطيع المزكوم أداء هذين الصوتين أداءً صحيحاً.

* * *

مخارج الحروف (الأصوات)

بحث العلماء مخارج الأصوات قديماً وحديثاً، ويرجع الفضل إلى علماء العربية الذين بذلوا جهداً كبيراً في بحثها، وقدموا في هذا المجال إسهامات رائعة اعتمدت عليها الدراسات الحديثة، وسلمت بصحتها بما اعتمدت عليه من أجهزة حديثة ساعدت في تقدم الدراسات الصوتية، **ويمكن حصر أصوات اللغة في ضوء المخارج الآتية مرتبة من الداخل إلى الخارج أو من الأقصى إلى الأدنى، وهي:**

١- **الحنجرة:** الجزء الذي يقع أعلى القصبة الهوائية، وهو تجويف صغير توجد به مجموعة من الغضاريف تتحكم في حركة الغشاءين الصوتيين، والغشاءان الصوتيان ممتدان على جانبى الحنجرة من الداخل ويشكل كل واحد منهما في وضع الامتداد نصف دائرة، ويتصلان من الأمام وينفصلان من الخلف (ناحية القفا)، ولهما القدرة في وضع الامتداد على غلق فتحة الحنجرة أو تضييق ممر الهواء، وينتج عن ذلك الجهر، وذلك في وضع تضييق ممر الهواء والانفجار في حالة الغلق التام ثم الانفتاح، ولهذا أثر في الأصوات. ويخرج من منطقة الحنجرة صوتان، وهما: الهمزة والهاء.

أولاً- الهمزة: تنطق بإغلاق الحنجرة إغلاقاً تاماً، فيحتبس الهواء في القصبة الهوائية، ثم ينفجر الهواء فينتج صوت الهمزة، فصوت الهمزة شديد، واختلف العلماء في الجهر والهمس، فالقدماء اعتقدوا أن الغشاءين يهتزان، ولكن المحدثين رأوا أنهما يفتحان، ويسكنان على جدار الحنجرة، فلا يهتزان، فلا تجهر الهمزة، لأن الجنجرة مغلقة، والغشاءين ملتصقان ثم يفتحان، وقد يكون مذهب القدماء في جهر الهمزة نتيجة مجاورتها بعض الأصوات المجهورة أو لحدوث الانفجار فيها، والشدة تعني احتباس الهواء ثم انفجاره بقوة.

ثانياً- الهاء: ينطق عن طريق احتكاك الهواء بمنطقة الغشاءين الصوتيين، وقد ضيقت الغضاريف ممر الحنجرة، فيحدث احتكاك الهواء بالغشاءين المشدودين اهتزازاً، وحفيف الهواء الذي يحدث ذبذبة في الوترين، والهاء صوت ضعيف؛ لأنه بعيد المخرج والاحتكاك فيه ضعيف، فلا يسمع قوياً كالأصوات الشديدة.

٢- **الحلق:** وهو الجزء المرن الذي يقع بين الحنجرة واللّهاة والطبق، وتجويف الحلق يقع خلف اللسان، ويحده من الأمام جذر اللسان، ومن الخلف عظام العنق، وأعلاه اللهاة وفتحة الخيشوم، وأسفله الحنجرة، التي يعلوها مباشرة لسان المزمار (الغلصمة) الذي يتصل جذره بجذر اللسان، ويتجه طرفه نحو الداخل؛ ليغلق فتحة الحنجرة عند البلع، وليس للإنسان دخل في حركة لسان المزمار؛ لأنه يتحرك عندما يشعر بجسم غريب يجتاز منطقة الطبق (الجزء الداخلي اللحمي من الفم)، ولا يؤدي لسان المزمار وظيفة صوتية ذات أهمية بل وظيفة عضوية، فهو صمام القصبة الهوائية. ويخرج من الحلق صوتان، هما: العين، والحاء.

أولاً- الحاء: ينطق عن طريق احتكاك الهواء بجدار الحلق، فتسمع البحة في الحاء، ولولا هذه البحة لصارت عيناً، وصوت الحاء رخو مهموس غير مفخم.

ثانياً- العين: وينطق بتضييق الحلق عند لسان المزمار، ونتوء لسان المزمار إلى الخلف، فيقترب نتوء لسان المزمار من الجدار الخلفي للحلق، وصوت العين منفوس لا يحتبس فيه الهواء، ومجهور يهتز فيه الوتران الصوتيان.

٣- **اللّهاة:** يقع اللهاة في نهاية سقف الحنك اللين أعلى الحلق، وينطق منه صوت واحد هو القاف، وينطق برفع الطبق حتى يلتصق بجدار الحلق الخلفي، فيسد مجرى الأنف، وترتفع مؤخرة اللسان حتى يتصل اللهاة بالجدار الخلفي للحلق، فيحتبس الهواء، ثم ينفجر بعد انفصال الطبق عن مؤخرة اللسان، والقاف أعمق مخرجاً من الكاف، فالكاف تنطق من الطبق، والقاف تخرج من أقصى الحنك الرخو، والفرق بينها وبين الكاف ارتفاع مؤخرة اللسان فيها فتفخم، والقاف عند المحدثين صوت شديد مهموس لا يهتز فيه الوتران الصوتيان. والقدماء يرونها مجهورة، وهذا الوصف يصدق على القاف التي تشبه الغين على نحو ما نسمع من أهل السودان، وهذا الخلاف قد يكون سببه أن صوت القاف وقع فيه تغيير أو تطور، فصوت القاف الذي ننطقه مهموس، والصوت الذي وصفه القدماء مجهور، وهو صوت بين القاف والكاف، ويشبه الغين، وليس هذا النطق في لساننا اليوم، وينطق القاف في بعض اللهجات المعاصرة همزة، وجيماً، وكافاً.

٤- **الطبق:** ويعرف بسقف الحنك الرخو، وهو جزء متحرك يفتح مدخل الفم من الداخل ومدخل الفراغ الأنفي أو يغلقهما، فهو الذي يحدد ما إذا كان الصوت أنفياً عندما يسمح بمرور الهواء من الأنف أو فموياً عندما يغلق فتحة الأنف، فيمر الهواء من الفم وحده، وينتهي الطبق بالغلصمة ومنطقة اللهاة نهاية الجزء اللحمي من سقف الحنك، فلا يبلغها اللسان، ولكن يمكن لمسها بالإصبع، وسقف الحنك الرخو ومنطقة اللهاة هما الجزءان القابلان للحركة من بين أجزاء سقف الحنك، فهما يتحركان حركة رأسية هبوطاً وصعوداً، كما يتحركان حركة أفقية، فالطبق يلتصق بجدار الحلق الخلفي، فيغلق فتحة الأنف.

ويخرج من منطقة الطبق ثلاثة أصوات: الكاف، والغين، والخاء.

أولاً- الكاف: تنطق برفع مؤخرة اللسان في اتجاه الطبق وإلصاقه به، فيلتصق الطبق بالحائط الخلفي للحلق، فيسد مجرى الأنف، ولا يهتز فيه الغشاءين الصوتيان فهو مهموس، وينفجر فيه الهواء، فهو شديد.

ثانياً- الغين: تنطق برفع مؤخرة اللسان، حتى تقترب من الطبق، وتترك ممراً ضيقاً يمر منه الهواء، فيحدث احتكاك الهواء به صوت الغين، ويتذبذب الغشاءان الصوتيان، وهو صوت رخو لعدم احتباس الهواء فيه، وتعلو فيه مؤخرة اللسان، فيغلظ في النطق.

ثالثاً- الخاء: وينطق مثل الغين، ويختلف عنه في عدم اهتزاز الغشائين الصوتيين، فالخاء تعد النظير المهموس للغين، ويغلظ في النطق مثل الغين والقاف.

٥- **الغار (سقف الحنك الصلب):** وهو تجويف يشبه القبو أو القبة، وترجع أهمية سقف الحنك إلى أنه الفراغ الذي يستطيع اللسان الحركة فيه، فيتمكن من المشاركة في الأصوات وتنويعها، ويخرج من منطقة الغار ثلاثة أصوات،هي: الشين، والجيم، والياء.

أولاً- الشين: تنطق برفع وسط اللسان تجاه الغار، فيضيق ممر الهواء، ويغلق الطبق فتحة الأنف، فيزداد احتكاك الهواء بالممر الذي صنعه ظهر اللسان مع الغار، ويزداد اتساع الهواء في الفم، فينتج صوت الشين، وهو صوت رخو لا يحتبس فيه الهواء، ولا يهتز

فيه الغشاءان الصوتيان؛ لأن فتحة الحنجرة تفتح فيه فتحا تاماً؛ ويرتخي الغشاءان الصوتيان، فتهمس الشين، ولا يقع فيها تفخيم، لاستقرار مؤخرة اللسان في القاع وعدم ارتفاعها نحو الطبق؛ ليتمكن وسط اللسان من الارتفاع نحو سقف الحنك.

ثانياً- الجيم: وينطق عن طريق ارتفاع وسط اللسان نحو الغار، وطرفه يكون نحو اللثة السفلي، ويتصل وسط اللسان بالغار (سقف الحنك)، فيغلق ممر الهواء، ثم ينفرج عنه قليلاً، فيظهر صوت من الغار يشبه الدال أولاً، ثم ينتهي بصوت يشبه الشين، ولهذا صوت الجيم صوت مركب في أوله صوت شديد مثل الدال وآخره شين منسجمين معاً، ولا يشعر السامع بفرق بينهما في النطق، لسرعة أدائهما معاً.

والجيم التي نسمعها من أهل القاهرة ليست الجيم العربية الفصحى بل تحريفاً لها، وكذلك الجيم التي نسمعها من أهل الشام وبعض محافظات مصر مثل الشرقية، وهي التي تشبه «j” ليست الجيم الفصحى بل تحريفاً، وبعض أهل الصعيد أخلصوا الجيم دالاً، في مثل: دردا: جرجا، لوجود شبهة صوتية بين الدال وجزء من صوت الجيم الفصحى والشاميون جعلوها شيناً نحو: اشتهد (اجتهد)، وبعض بلاد الخليج العربي تنطق الجيم ياء يقولون: دياي (دجاج)، والجيم الصحيحة صوت مزدوج، ويعرف بالصوت المائع يشبه "dj "، وينطق بالتصاق وسط اللسان بالغار ثم انفصاله عنه ببطء، فيحتك الهواء بسقف الحنك، وظهر اللسان فينتج صوت دال مغوّر، ويعقبه صوت يشبه الشين المجهورة (ج)(٢)، وهذا النطق الصحيح اندثر من اللهجات المعاصرة، ولا نسمعه إلا من قراء القرآن الكريم، وبعض متكلمي العربية.

ثالثاً- الياء: وتنطق بارتفاع وسط اللسان نحو سقف الحنك وطرفه ناحية اللثة السفلى، ويترك وسط اللسان ممراً ضيقاً للهواء يضيق في أول خروج الصوت، ويتسع مع خروج الصوت بانفتاح الفك السفلي، فوسط اللسان يصعد نحو وسط الحنك، فيمر الهواء بالممر الكائن بين ظهر اللسان وسقف الحنك، ولكن دون أن يحدث الهواء حفيفاً به أو احتكاكاً شديداً؛ لأن الفك السفلي يفتح تدريجيا مع خروج الصوت، ويهتز فيه

٢ (١) ارجع إلى مدخل علم اللغة للدكتور رمضان عبد التواب، الخانجي - ص٥١.

الغشاءان الصوتيان، ولا يحتبس فيه الهواء فهو رخو، وتعد الكسرة جزءاً من الياء أو الياء امتداد الكسرة أو إطالة لها، ويوجد فرق بين الياء الصامتة، وهي المتحركة في نحو يَبس ويَد، وياء المد في مثلِ: سميع، عليم، فياء المد تسبق بكسر لإشباع مدها، وهي غير ياء اللين الساكنة التي لا تسبق بكسرة في نحو: زَيْت، بَيْت، والياء صوت رخو، مجهور، غير مفخم.

٦- **اللِّثة:** وهي الجزء الذي يتصل بالفك العظمي، وتنبت فيه الأسنان، ويبطن بالجلد، واللثة العليا تشارك في نطق الأصوات، ويخرج منها ثلاثة أصوات، وهي: اللام، والراء، والنون.

أولاً- اللام: وتنطق بوضع طرف اللسان عند اللثة، ويسد الطبق فتحة الأنف؛ ليتجه الهواء إلى الفم، ويتسرب الهواء من جانب اللسان والأضراس، حتى يترك طرف اللسان موضعه من اللثة، فيخرج صوت اللام تاماً، وهو صوت مجهور، ولا يحتبس فيه الهواء احتباساً كاملاً لتسربه من أحد جانبي اللسان أو كليهما، ولهذا تعد اللام صوتاً مائعاً أو متوسطاً، لأن الصوت يخرج دون انفجار أو احتكاك عند المخرج، والتوسط صفة أربعة أصوات هي: اللام، والنون،والميم، والراء.

واللام صوت مرقق، ولكنه يفخم في لفظ الجلالة «الـلـه» إن سبق بضمة أو فتحة، وهو تفخيم عارض، ويفخم كذلك إذا تلاه صوت من أصوات الفتحة (الألف، أو الفتحة)، أو سبقه حرف مطبق مثل (الصاد، والطاء، والظاء، والضاد) مثل: الصلاة والطلاق، والظلام، والضلال. وعلماء القراءات لا يتعهدون جميعهم تفخيمه، فهم على خلاف فيه، لصحة الوجهين عن فصحاء العرب.

والفرق بين اللام المرققة واللام المفخمة يرجع إلى ارتفاع مؤخرة اللسان نحو الطبق في التفخيم، وهو الفرق الذي نلاحظه بين السين والصاد، فمخرجهما واحد.

واللام ينطقها صغار السن ياء، ويرجع ذلك إلى ضعف عضلة اللسان التي لا تقوى على الالتصاق باللثة فترة طويلة فينطق الطفل اللام كما ينطق الياء، ويستطيع نطقها صحيحة بالتدريب، وتعرف اللام بالصوت المستطيل لطول مخرجه من جانب الفك أو

جانبيه، وينتهي المخرج عند اللثة.

ثانياً- الراء: وتنطق بوضع طرف اللسان عند اللثة، ويترك طرف اللسان مسترخياً، ويندفع تيار الهواء فيحدث حركة تكرارية في طرف اللسان، فيضرب اللثة ضربات سريعة، متكررة ينتج عنها الراء، ولهذا يعجز الطفل عن أدائه صحيحا لضعف عضلة اللسان، فينطقه أيضاً ياء حتى يقوى لسانه بالتدريب فينطقه صحيحاً، وينطقه الألثغ غيناً[٣].

والراء صوت تكراري مجهور مائع، والأصل فيه الترقيق، ويفخم إن سبق بفتحة أو ضمة، ويرقق مطلقاً إن سبق بكسرة نحو: رِزق، رِجْس، حِرْمان ، فرعون. ويفخم في مثل: يَرْجون، يحْرُم ويفخم إن كان مفتوحاً أو مضموماً نحو: هارون، ربّ، وهذا لا يطَرد في كل القراءات.

ثالثاً- النون: ينطق بوضع طرف اللسان في اللثة،ويخفض الطبق ليفتح مجرى الأنف، فيتسرب جزء من الهواء إلى الأنف، فيقع رنينه في تجويف الأنف ثم يترك طرف اللسان مكانه من اللثة، فيتحول خروج الهواء من مجرى الأنف إلى الفم، والميم مثل النون غير أن الميم تغلق فيها الشفتان مجرى الفم، وطرف اللسان يلتصق باللثة في النون.

والنون صوت أنفي (يقع رنينه في تجويف الأنف)، مجهور (يهتز فيه الغشاءان الصوتيان) ويدخل في الأصوات المتوسطة (المائعة: ل، م، ن، ر) فالنون لا يقع فيه انفجار هوائي، ولا يقع فيه كذلك احتكاك عالٍ.

وتتأثر النون بمجاورة بعض الأصوات في المخرج، فالنون يتحول مخرجها من اللثة إلى الأسنان إن جاورت صوتاً أسنانياً نحو: إنْ ذهب، إن ثاب، إن ظلم، وتتأثر بمخرج الأصوات الأسنانية اللثوية إن جاورتها نحو: إن تبع، إن دأب، إن ضرب، إن طلب، إن زرع، وإن سكت. وتتأثر بالفاء في ينفع، وتتأثر بالأصوات الغارية نحو: إن يعمل، إن جاء، إن شاء، وتتأثر بالكاف: إن كان، وهو قليل.

---

٣ () الألثغ من تحول لسانه من حرف إلى حرف غيره كأن يجعل السين ثاءً، والراء غيناً.

وللنون أحكام عديدة في النطق، ولا تعد أصلاً فيها بل نطقاً عارضاً يزول بزوال سببه.

٧- **الأسنان:** وهي قطع عظمية صلبة توجد علي الفكين السفلي والعلوي، وتوجد في الفم اثنتان وثلاثون سن، منها ثمانٍ في مقدمة الفكين، أربع منها بالفك العلوي وأربع بالفك السفلي، وأربع أنياب، نابان منها بالفك العلوي، ونابان بالفك السفلي. وعشرون ضرساً، عشر في كل فك تلي الأنياب مباشرة، وهي تشارك في نطق اللام، والضاد الشدقية التي تعرف بها العربية، والأسنان التي تقع في مقدمة الفم لها دور رئيس في نطق ثلاثة أصوات، وهي: الثاء، والذال، والظاء.

أولاً- الثاء: تنطق بوضع طرف اللسان بين أطراف الثنايا العليا والسفلى، وينطلق تيار الهواء من بين الأسنان، فمنفذ الهواء يكون ضيقاً، ويكون جسم اللسان مستوياً، ويرفع الطبق ليسد مجرى الأنف، ولا يتذبذب فيه الغشاءان الصوتيان، ولا يحتبس فيه الهواء، وهو غير مفخم، وينطقه العوام خطئاً من مخرج الأصوات الأسنانية الشفوية سيناً وتاء . نحو: سوب (ثوب) وبعضهم يقول: توب.

ثانياً- الذال: وتنطق بوضع طرف اللسان بين الثنايا العليا والسفلى، وينطق مثل الثاء غير أن الذال يهتز الغشاءان الصوتيان فيها، والذال صوت رخو مجهور مرقق، وقد تغير هذا النطق في الخطاب اليومي، وتنطق زاياً مثل: ذكر: زكر، وتنطق دالاً نحو: ذهب: دَهب. وذَيل: دِيل.

ثالثاً- الظاء: وتنطق مثل الذال وهي النظير المفخم لها؛ لأن مؤخرة اللسان ترتفع نحو الطبق، فتفخم الظاء ولولا الإطباق في الظاء لكانت ذالاً، وقد اختفت الظاء من النطق في الخطاب المعاصر، وقلبت ضاد نحو: ظل: ضل، وقلبت زياً مفخمة نحو: ظلم: زلم، وصوت الظاء رخو منفوس.

٨- **اللثة مع الأسنان:** وينطق من هذا المخرج سبعة أصوات، وهي: التاء، الدال، الزاي، السين، والصاد، والضاد، والطاء.

أولاً- التاء: ينطق بوضع طرف اللسان عند جذور الأسنان العليا، فيحتبس الهواء

خلف اللسان بعد أن أغلق الطبق فتحة الأنف، ثم يترك طرف اللسان موضعه عند جذور الأسنان مع اللثة، فيظهر صوت التاء المرقق المهموس فصوت التاء لا يفخم، ولا يهتز فيه الغشاءان الصوتيان، ولكنه صوت شديد لاحتباس الهواء ثم انفجاره.

ثانياً- الدال: ينطق عندما تلتصق مقدمة اللسان باللثة والأسنان العليا، فيحتبس الهواء في الفم ولا يتسرب منه إلى الأنف؛ لأن الطبق أغلق فتحة الأنف الداخلية، وتبقى مؤخرة اللسان في وضع أفقي، فيترك طرف اللسان موضعه، فيندفع الهواء محدثاً صوتاً شديداً مجهولاً يهتز فيه الغشاءان الصوتيان، وغير مفخم؛ لأن مؤخرة اللسان لا ترتفع نحو الطبق.

ثالثاً- الزاي: ينطق بوضع وسط اللسان في موضع التقاء الأسنان باللثة، وطرفه منكساً نحو اللثة السفلى، ويترك اللسان فراغاً ضيقاً؛ فيخرج منه تيار يصحبه صوت الزاي الذي يهتز فيه الغشاءان الصوتيان.

رابعاً- السين، وينطق مثل الزاي غير أنه لا يهتز فيه الغشاءان الصوتيان، فهو صوت مهموس مرقق رخو لا يحتبس فيه الهواء.

خامساً- الصاد: وهي النظير المفخم للسين فيه؛ لأن مؤخرة اللسان ترتفع فيه، فينتج عن ذلك تغليظ الصوت، بخلاف السين التي لا ترتفع فيها مؤخرة اللسان، ولهذا فهي النظير المرقق للصاد، والصاد صوت منفوس رخو لا ينفجر فيه الهواء، وهو من أصوات الصفير مثل الزاي، والسين.

سادساً- الضاد: وهي المقابل المفخم للدال، وينطق مثله غير أنه يخالفه في ارتفاع مؤخرة اللسان نحو الطبق، وينتج عن هذا الإطباق تغليظ الصوت، وصوت الضاد شديد ينفجر فيه الهواء، ومجهور يهتز فيه الغشاءان الصوتيان، وصوت الضاد في العربية المعاصرة غير حرف الضاد الذي تنسب إليه العربية، فتعرف بلغة الضاد، فالضاد القديمة تنطق من جانبي الفك، وتشبه في النطق نطق الظاء، فهي رخوة لا يحتبس فيها الهواء وقد اختفى هذا النطق في العربية المعاصرة، والضاد المعاصرة يحتبس فيها الهواء، وهي التي يقرأ بها القراء، وقد كانت الضاد الرخوة في البادية، وبعض العرب يتكلمون بها في الخليج

والعراق وصعيد مصر وهي تشبه الضاد القديمة التي تنسب إليها العربية.

سابعاً- الطاء: وتنطق مثل التاء غير أنها مفخمة ترتفع في نطقها مؤخرة اللسان، والتاء هي النظير المرقق لها، وتشبهها في الشدة لانفجار الهواء فيها، ولا يهتز فيها الغشاءان الصوتيان[٤].

٩- **الشفتان:** وهما صحيفتان عضليتان عرضيتان مكونتان من خيوط عضلية صادرة عن عضلات الوجه المختلفة ومتحدة جميعاً في شكل إطار يحيط بفتحة الفم، هذه العضلات تمكن الفم من أداء أوضاع حركية مختلة تساعده فينطق الأصوات.

وينطق من الشفتين ثلاثة أصوات: الواو، الباء، والميم.

أولاً- الباء: وتنطق بضم الشفتين فيحتبس الهواء خلفها، ويرفع الطبق اللين، ليغلق ما بين الحلق والتجويف الأنفي، ويتذبذب الوتران الصوتيان، وصوت الباء صوت شديد انفجاري لاحتباس الهواء فيه.

ثانياً- الميم: تنطق بانطباق الشفتين تماماً، فيحتبس الهواء خلفهما، وينخفض الطبق ليسمح بمرور الهواء في فتحة الأنف، فيسمع رنين صوت الميم في تجويف الأنف، ولهذا الميم صوت أنفي أو خيشومي، ويتذبذب فيه الغشاءان الصوتيان فهو مجهور.

ثالثاً- الواو: وتنطق باستدارة الشفتين فتكونان دائرة غير منتظمة ويصحب الاستدارة غالباً نوع من البروز، والواو ثلاث: واو ساكنة سكوناً قصيراً نحو: واو قَوْل، وواو ساكنة طويلة نحو: واو يقول وشكور، وتسبق بضمة لإشباع مدها، وواو متحركة، والمتحركة مثل: وَلد، وهو صوت صامت مجهور يهتز فيه الغشاءان الصوتيان.

١٠- **الشَّفَة السفلى مع الأسنان العليا:** ينطق من هذا المخرج صوت الفاء ويعرف بالصوت الشفوي الأسناني، وتنطق الفاء بأن تتصل الشفة السفلى بالأسنان العليا، فينطلق تيار الهواء من بين الثنيتين العليين والشفة السفلى، محدثاً صوتاً احتكاكيا هو

---

٤ () وقد جمعت تلميذتنا نادية الشافعي الحروف الأسنانية اللثوية في أول الكلمات الآتية: صلّ، وزكّ، وتعلّم سنن دينك، وطهر ضميرك.

صوت الفاء، ويرفع الطبق اللين، فيسد فتحة الأنف، فينطلق تيار الهواء محدثاً احتكاكاً شديداً بين الأسنان العليا والشفة السفلى، وهو صوت رخو مهموس مرقق.

صفات الأصوات

تميز بين الأصوات صفات عامة كالجهر والهمس، والإطباق (التفخيم) والانفتاح (الترقيق)، أو الاستعلاء والاستفال، وترجع أهميتها إلى أنها تميز بين الأصوات التي تشترك في مخرج واحد، وقد تكون الصفة سبباً في قلب الصوت إلى صوت آخر يشاركه في الصفة، **ونبين ذلك فيما يأتي:**

* **الجهر والهمس:** الجهر عبارة عن تذبذب الغشاءين الصوتيين خلال النطق بالصوت المجهور، والأصوات المجهورة خمسة عشر صوتاً، وهي: الباء، الجيم، الدال، الذال، الراء، الزاي، الضاد، الراء، العين، الغين، اللام، الميم، النون، الواو، الياء. إضافة إلى حروف المد الثلاثة: الألف، الواو التي تسبق بضمة، والياء التي تسبق بكسرة.

ونستطيع أن نتعرف على الصوت المجهور بوضع اليد على مقدم الرقبة أو الجبهة أو على الصدر أو على الأذنين، فالصوت الذي يقع فيه رنين يكون مجهوراً sonore وإذا لم يقع فيه اهتزاز فهو مهموس sourde.

والصوت المهموس الذي لا يتذبذب فيه الغشاءان الصوتيان، فعدم الاهتزاز في نطق الصوت يعني أن الصوت مهموس sourde والأصوات المهموسة ثلاثة عشر صوتاً، وهي: الهمزة، التاء، الثاء، الحاء، الخاء، السين، الشين، الصاد، الطاء، الفاء، القاف، الكاف، الهاء. وقد جمعتها في عبارة: "أتحث كطه شخصاً فسق". وهي عند القدماء عشرة جمعوها في قولهم: حثه شخص فسكت، فالطاء والقاف والهمزة أصوات مجهورة عند القدماء، وهي عند المحدثين مهموسة، ويرجع هذا إلى أن القدماء اعتقدوا أن انفجار الهواء فيها يصحبه اهتزاز الغشاءين الصوتيين.

* **الشدة والرخاوة:**

الصوت الشديد الذي يحتبس فيه الهواء عن الخروج، ثم يخرج فجأة فيحدث

انفجاراً، ونلاحظ ذلك في نطق الباء، والتاء، والدال، والأصوات الشديدة: ء، ب، ت، د، ض، ط، ق، ك. وتسمى هذه الأصوات أيضاً بالأصوات الانفجارية.

الرخاوة أو الاحتكاكية: وتعني خروج الصوت مستمراً في صورة تسرب للهواء فيحدث احتكاكاً بالمخرج دون أن يحتبس أو يعوقه عائق يحبسه، والأصوات الرخوة على الترتيب: ث، ح، خ، ذ، ز، س، ش، ص، ظ، ع، غ، هـ، و، ى، ا.

الأصوات المتوسطة، (وتسمى أيضاً المائعة): الأصوات التي تخرج دون انفجار أو احتكاك شديد عند المخرج، فالهواء يخرج فيها دون احتباس، وهي: اللام، والنون، والميم، والراء.

الصوت المركب أو المزدوج: الذي يتألف من صوتين، وفيه مزيج من الشدة والرخاوة أي من الانفجار والاحتكاك، ويقع ذلك في حرف واحد من أحرف العربية، وهو الجيم الفصحى، فهي تبدأ بصوت يحتبس فيه الهواء يشبه الدال، ثم يترك وسط اللسان موضعه من الغار، فيخرج صوت احتكاكي يشبه الشين، فالجيم مركبة بما يشبه الرمز «dj».

الأصوات المطبقة والأصوات المنفتحة: وتعرف أيضاً بالأصوات المفخمة أو (المغلظة) **والأصوات المرققة.**

والصوت المفخم: الذي يقع فيه تغليظ نتيجة ارتفاع مؤخرة اللسان فيه نحو الطبق، والتفخيم ناشئ عن انطباق اللسان على الحنك الأعلى آخذاً شكلاً مقعراً، والمنطقة الخلفية من اللسان مصدر التفخيم في حالة الإطباق، والأصوات المفخمة أربعة: الصاد، والضاد،والطاء، والظاء.

فالصاد تتحقق نطقاً بوضع طرف اللسان الأمامي في موضع السين، ثم يرتفع جزؤه الخلفي، ليأخذ اللسان شكلاً مقعراً، فتكون الصاد.

وتنطق الظاء بوضع طرف اللسان بين الأسنان الأمامية العليا والسفلى، ثم يتقعر اللسان ويرتفع آخره إلي الحنك الأعلى لتكون الظاء.

والضاد تبدأ من مخرج الدال، ويرتفع جزء اللسان الخلفي نحو الطبق فيفخم الصوت، نتيجة إطباق اللسان على الحنك الأعلى، والطاء مثل التاء، ولكن ترتفع فيها مؤخرة اللسان فتفخم.

وتوجد بذلك أربعة أزواج: صوت مرقق وله نظير مفخم، وهي السين: الصاد، والتاء: الطاء، والدال: الضاد، والذال: الظاء. وتوجد ثلاثة أصوات أخرى ترتفع فيها مؤخرة اللسان فينشأ فيها تفخيم، وهي: القاف، والخاء، والغين، وتعرف بحروف الاستعلاء، وهي في تفخيمها ليست في درجة الصاد والضاد والطاء والظاء، وتسمى القاف والغين والخاء بالأصوات المستعلية الخلفية.

والأصوات المرققة: التي لا ترتفع فيها مؤخرة اللسان ولا يحدث فيها إطباق، وهي أصوات: ء، ا، ب، ت، ث، ج، ح، د، ذ، ر، ز، س، ش، ع، ف، ك، ل، م، ن، هـ، و، ي، وتسمى أيضاً الأصوات المستفلة، لاستفال اللسان فيها.

* * *

الهمزة في اللغة العربية

الهمزة أكثر أصوات العربية بحثاً قديماً وحديثاً، لما فيها من قضايا اختلاف بعضها مازال موضع بحث، ويرجع هذا إلى بُعْد المخرج أو عمقه، فالهمزة صوت حنجري، شديد مهموس مرقق، ينطق بإغلاق الغشاءين الصوتيين الحنجرة إغلاقاً تاماً يمنع مرور الهواء فيحتبس الهواء، ثم ينفرجان فجأة فينطق الهواء متفجراً. والهمزة عند الخليل صوت هوائي ليس له مخرج، وعند سيبويه يخرج من أقصى الحلق، وهي عند المبرد أبعد الأصوات مخرجاً فهي أبعد مخرجاً من الألف والهاء، ويصفها في النطق فيقول إنها: النبرة في الصدر، جاز فيها التخفيف «[٥]... والنبر الذي يقع في الصدر: قوة دفع الهواء الذي ينتج من احتباس الهواء في الحنجرة أمام الغشاءين الصوتيين اللذين سدا الحنجرة، فينتج صوت الهمزة مع انطلاق تيار الهواء محدثاً دوياً في تجاويف الحنجرة والحلق والفم. فصوت الهمزة صوت شديد، وهو أبعد أصوات اللغة العربية مخرجاً، فمخرجهُ أقصى الحنجرة «اعلم أن الهمزة حرف يتباعد مخرجه عن مخارج الحروف، ولا يشركه في مخرجه شيء»[٦].

وقد رد عليه ابن جني بما يخالف ذلك مؤيداً رأي سيبويه أن الهمزة لها مخرج مثلها مثل بقية أصوات اللغة وجعلها في مقدمة الأصوات من الداخل: الهمزة، الألف، الهاء، العين، والحاء.. وهذا المذهب يوافق الدراسات الحديثة ويقع في الهمزة قلب وحذف، فعدها بعض العلماء حرفاً معتلا، والآخرون يرونها حرفاً صحيحاً.

رمز الهمزة في الكتابة

تشير بعض المصادر القديمة إلى أن رمز الألف «ا» الذي نصطلح عليه اليوم أنه حركة المد الطويلة في مثل قائم وعادل ، كان في أصل الخط الذي اقتبس منه الخط العربي رمز الهمزة[٧]، وقد زيدت فيه رأس العين «ء» فصار «أ»، وأكد ذلك بعض القدماء، قال

---

٥ () المقتضب - جـ٢٩٢/١ - قال الفيروز آبادي: نبر الحرف ينبره همزه. المحيط: نبر.

٦ () المقتضب: جـ٢٩٢/١

٧ () ارجع إلى: مشكلة الهمزة العربية - د. رمضان عبد التواب - مكتبة الخانجي - ط أولى ١٤١٧هـ - ١٩٩٢م - ص١٢

ابن جني: اعلم أن الألف التي في أول حروف المعجم، هي صورة الهمزة، وإنما كتبت الهمزة واواً مرة وياء أخرى على مذهب أهل الحجاز في التخفيف، ولو أريد تحقيقها البتة، لوجب أن تكون ألفاً على كل حال[٨].

والاسم الذي أطلق على ما نسميه ألفاً وأُريد به حركة الفتحة الطويلة في مثل عادل ليس إلا محاكاة لنطق صوت الهمزة، وهذا يؤكد أنه كان اسماً للهمزة فلا علاقة صوتية بينه وبين صوت الحركة الطويلة في عادل، فليس كمثل علاقة صوت الباء باسمها فالاسم يدل على الصوت فيها ومثلها بقية أسماء الحروف.

وذهب أهل اللغة إلى أن الخط العربي مأخوذ عن النبطيين الذين سكنوا أطراف الشام من ناحية جزيرة العرب، وهم — على أرجح الأقوال — قوم عرب عاشوا وسط الآراميين وتعلموا لغتهم وتأثروا بالأمم التي سكنت الشام والعراق، وقاموا بدور الوسيط التجاري بين سكان الجزيرة من العرب وسكان الشام من الآراميين، والعبريين والفينقيين، وقد كانت لهجتهم المحلية العربية التي شابها تأثر بلهجات الأمم المجاورة لهم والأمم التي تواصلت معها، وقد جاء في بعض المصادر القديمة ما يفيد أن الهمزة تكتب في جميع أحوالها ألفاً [٩]. وذكر الفراء ما يؤكد أن الألف كانت رمزاً للهمزة، في الكتابة العربية الأولى، وقد نقل ذلك عن مصحف عبد الـلـه بن مسعود، فقد وجد أن كل همزة فيه بالألف في أول الكلمة أو في وسطها أو في آخرها، وربما كتبتها العرب بالألف في كل حال؛ لأن أصلها ألف، قالوا: « نراها إذا ابتدئت تكتب بالألف في نصبها وكسرها وضمها، مثل: قولك: أُمِرُوا، وأمرت، وقد جئت شيئاً إمرا، فذهبوا هذا المذهب. قال: ورأيتها في مصحف عبد الـلـه: (شيْأ) في رفعه وخفضه بالألف. ورأيت يستهزئون (يستهزأون) بالألف، وهو القياس، والأول أكثر في الكتب، ويعني بالأول كتابتها على الألف، والواو، والياء، وقد أصبح هذا شائعاً في عصره.

وقال في موضع آخر: والهمزة في كتابة مصحف ابن مسعود تثبت بالألف في كل

---

٨ () سر صناعة الإعراب - أبو الفتح عثمان بن جني، جـ ٤٧/١ .

٩ () معاني القرآن للفراء - تحقيق محمد على النجار وآخرين - ١٩٧٢ - جـ١٣٦/٣.

نوع[10]، ويعنى بذلك كتابة رأس العين على ألف « أ «.

وذكر أمثلة أخرى منه مثل: لألأ في سورة الحج وتكتب لؤلؤاً، ومثل: يُستهزأ: يستهزئ، شَيأ: شيئاً: شيء، يهيأ: يُهيئ، فقد أجرى الهمزة بالألف في كل حالاتها[11].

ويؤكد ابن جني أن رمز (ا) في الخط كان موضوعاً للهمزة، وهذا ما يؤكده الفراء وغيره ممن نقلنا عنهم، وقد استدلوا بما وجدوه من رسم لها في المصاحف القديمة التي سبقت التعديل الذي أدخله الخليل على الهمزة (رأس العين التي توضع على ألف، أو واو، أو ياء). ومما يؤكد ذلك أن القدماء أطلقوا عليها ألفاً ووضعوها في أوائل الحروف، ويوجد سبب آخر أن جميع أصوات الحروف بدأت بمحاكاة صوتها مثل الجيم، والباء، واللام، فأول ما تسمعه الصوت الذي يرمز إليه الاسم، والألف كذلك أول ما فيها صوت الهمزة الشديد « أ « ثم «لف» وهو الاسم نفسه الذي أطلق على صوت الهمزة الحنجري في العبرية « أليف «» [12]، ويؤكد هذا ابن جني: «وكذلك إذا قلت ألف، فأول الحروف التي نطقت بها همزة، فهذه دلالة أخرى غريبة على كون صورة الهمزة مع التحقيق ألفاً «»[13].

وقال أحمد بن محمد الرازي: «وأما الهمزة المحققة، فأصلها أن تكتب على صورة الألف اللينة، وإنما تكتب مرة واواً وأخرى ياء، على مذهب التخفيف» [14].

والعرب الحجازيون هم الذين نقلوا الخط وتعلموه وانتشر على أيديهم في العرب، وهؤلاء لا يهمزون (لا ينبرون) وإنما كانوا يميلون الهمزة واواً أو ياء أو ألفاً، فأهل مكة والمدينة وقبيلة هذيل، لا يستخدمون الهمز ولا يميلون إليه إلا قليلاً إذا اضطروا إليه، فهم

---

١٠ () نفسه: ١٣٦/٣.

١١ () ارجع إلى: مشكلة الهمزة العربية - ص١٧.

١٢ () يرمز في العبرية إلى حركة الفتح الطويل التي تقابل الألف في عادل برمز مستقل عن الخط يسمى قامص جادول «T" يوضع تحت الحرف السابق للفتحة الطويلة.

١٣ () سر صناعة الإعراب - جـ٤٧/١

١٤ () ثلاثة كتب في الحروف، للخليل بن أحمد، وأبي حاتم السجستاني، وابن السكيت - تحقيق د. رمضان عبد التواب - القاهرة - ١٩٨٢م

يتخلصون من الهمزة في وسط الكلمة (بئر: بير) وآخرها (سبأ: سبا)، ولكنهم يهمزون أول الكلمة لاضطرارهم إليه، فالهمزة يميلونها ساكناً في وسط الكلمة وآخرها والعربية لا تبدأ بساكن بل بمتحرك في مثل: أكل، أخذ، أحكم، أكبر، أسد، فهذا الموضع لا تخفف فيه الهمزة ألفاً ، ولكنهم يقولون في سأل، سال وفي ملأ: ملا، وفي رأس: راس، فأس: فاس.

وكانت الألف لا تكتب وسط الكلمة في السامية، يعبرون عن ذلك بحركة أو علامة يشير إليها، وقد كان الخط الأول رسماً يخلو من الشكل، وقد ظلت بعض الكلمات محتفظة برسمها القديم دون رمز الألف بها مثل «الرحمن»، و«الـلـه»، و«أولئك». والرسم المصحفي يحتفظ بآثار الرسم القديم في حذف الألفات، ورمز الألف الذي نرمز به لحركة المد الطويل كان قديماً يستخدم في الرمز إلى نطق صوت الهمزة الذي كان يستخدم في نطاق ضيق في الحجاز، ولكن بني تميم، وهم فصحاء العرب — كانوا يحققون الهمزة في كل المواضع، وقد اعتبر علماء اللغة لهجة تميم في القياس ، وكثير من العرب كان يحاكي تميماً في تحقيق الهمزة حتى انتشرت بين المتعلمين، وكثير من العرب الذين رأوا أن تحقيق الهمزة في النطق موافق للعربية الفصحى التي تحدث بها فصحاء العرب ممن لم يخالط لسانهم لسان غيرهم من الأعاجم ولم يتأثروا برطانتهم وضعف سليقتهم في العربية.

وقد رأى الخليل بن أحمد أن يبتدع رمزاً جديداً يعبر عن صوت الهمزة الذي لهج به معاصروه لموافقة تحقيقها في النطق بالعربية الفصحى، فوضع رمز الهمزة المصطلح عليه في كتابتنا الحديثة، ولم يك معروفاً قبله في نظام الكتابة العربية، وقد اقتطعه من رأس العين «ء» فسمى القُطعة، ولعل سبب اقتطاعه من رأس العين أن الخليل رأى أن الهمزة قريبة المخرج من العين، فوضع لها رمزاً يشبهها، وهو مقتطع من رأسها.

وقد زاد الخليل في هذا الرمز وأضاف إليه علامات أخرى من الخط في المواضع التي تتصل فيها الحروف، وهذه الإضافات تعبر عن النطق الصوتي للهمزة فقد أضيفت إليه الألف حاملة له في الفتح أو فتح ما قبله نحو: سأل، منشأ، وأضيفت إليه الواو في حالة الضم نحو: سُؤر، هؤلاء، تشاؤم، وأضيفت إليه الياء (النبرة) في حالة الكسر فيها أو فيما سبقها، وذلك في بئر، ذئب، شاطئ قائل، بائع، فالهمزة يجب أن تتصل في مثل هذه

الكلمات حتى لا تدخل حروف بنيتها في حروف كلمات أخرى، وحتى لا تظهر في الرسم مفككة (بئر: ب ء ر)فأر: ف ء ر ، ولا يتبين من تفكيكها حدود الكلمات.

وقد تدارك الخليل بكتابته الهمزة على الألف، والواو، والياء عيباً في الخط العربي المجرد، وهو أن الجمل المكتوبة يحتاج القارئ إلى فهم معناها أحياناً ليتسنى له قراءتها قراءة نحوية صحيحة يعلم منها الفاعل والمفعول، أو أن القارئ يضطر أحياناً لاستكمال قراءة الجمل كاملة ثم يعيد قراءتها على النحو الذي فهمه من بقية مكوناتها، مثل جملة: سرق المتاع. عندما يتبين القارئ أن الجملة انتهت، فسوف يعيد قراءتها بضم السين وترك الفتح بانياً الفعل «سُرق» للمجهول، ثم رفع «المتاع» بعد أن نصبه في القراءة الأولى معتقداً أن الفاعل سيأتي متأخراً كما في: سرق المتاع زيدٌ اللصُّ.

فالهمزة قد سدت فجوة عدم تعبير الرسم عن الحركات وهو ما قام علماء العربية بصنعه، فاتخذوا رموزاً شكلية توضع أعلى الحرف وأسفله ترشد إلى نطقه الصحيح، هي رمز الفتحة، والكسرة، والضمة، وتركوا الساكن خالياً ثم استحدثوا له رمز رأس الحاء «حـ» ثم الصفر المستدير « ° « ليرمز إلى خُلو الحرف من الحركة.

وقد أطلق بعض العلماء على همزة القطع اسم ألف القطع، وأطلقوا كذلك على همزة الوصل ألف الوصل، وإطلاق الألف عليها في الخط أو الرسم فقط، فالهمزة تكتب على رمز الألف «أ» وتخفف ألفاً أيضا في مثل: سأل: سال، لأن الألف أقرب حروف المد إليها (حروف المد: ا، و، ي) وهمزة الوصل تكتب في الخط ألفاً أيضاً، فأطلق عليها ألف الوصل، مثلما أطلقوا على الأصوات اللغوية حروفاً، فيقولون مخارج الحروف ويعنون مخارج الأصوات، وقد كان هذا شائعاً بين القدماء حتى اختصوا كل مصطلح بمفهوم معين، ففرقوا بين الحروف والأصوات، وفرقوا بين الألف والهمزة فالحروف تشير إلى الرمز الكتابي، والأصوات تشير إلى الصوت المنطوق لا الرمز المكتوب، والهمزة صوت له مخرج (الحنجرة)، وله رمز كتابي (ء، أ، ؤ، ئ)، والألف صوت مد ، هوائي أو أجوف، وليس له مخرج (صائت)، ولهذا لا يظهر في السمع إلا بمصاحبة صوت صامت له مخرج (كالباء أو التاء: با، تا).

ولم تختلط هذه الفروق عند القدماء، فمفاهيم هذه الأسماء كانت واضحة عند الرواد الأوائل، ولهذا كانوا يضعون عناوين مطولة توضح مفاهيم هذه الأسماء وتبين موضوع الحديث، فعنوان المبرد في موضوع همزة الوصل وهمزة القطع «**هذا باب معرفة ألفات القطع وألفات الوصل، وهن همزات في أوائل الأسماء، والأفعال، والحروف** [١٥]».

لقد تحرى المبرد الدقة في وضع العنوان ليدفع التوهم عن القارئ، فضمن العنوان مجمل الموضوع تيسيرا على المتعلم، ولم تك لديهم مصطلحات وافية، لأنهم ابتدعوا هذا العلم، واستدرك تلاميذهم هذا فوضعوا المصطلحات، وهذبوا العناوين وأوجزوها، وأعادوا تنظيم الموضوعات، ففرقوا بين الألف والهمزة، واختصوا كل واحد منهما باستخدام مستقل.

وهمزة القطع غير همزة الوصل وغير الألف اللينة أو ألف المد، فهي تختلف عنهم من الناحية الصوتية ومن ناحية الرسم الكتابي، ومن ناحية موقعها في الكلمة، فالهمزة تخرج من الحنجرة، وهمزة الوصل لا وجود صوتي لها إلا في الحركة التي يتوصل بها إلى الساكن بعدها، فكلمة «اسم» ، لا نشعر بصوت فيها سوى كسرة خفيفة جداً يعقبها صوت السين الساكن، وتختفي تماماً في الكلام الموصول في مثل: عرف من اسمه أنه مسلم، فقد تحركت النون الساكنة في «مِنْ»، لأن السين ساكنة ولا يلتقي ساكنان، فتحركت النون ولا وجود لصوت همزة الوصل في النطق، وقد احتفظ الخط به ليعلم أنه موجود في كلمة «اسم»، ومثلها: ابن، وامرؤ، واثنان.

وهمزة الوصل تأتي زائدة في أول الكلمة التي تبدأ بساكن فقط، ولكن همزة القطع تأتي في كل المواضع: أكل، سأل، نشأ، أو تأتي أصلاً (في مثل أكل) زائدة (في مثل أكرم).

وهمزة الوصل في الرسم شكل واحد، وهو «الألف» التي تخلو من رأس العين، ولا يكون إلا مكسوراً في الأسماء والأفعال، ويكون مضموماً أحياناً في الأمر من الفعل الثلاثي مثل: اُكتب، اُذكر، اُدع. الكسر فيها أصل، وهو الأكثر مثل: ابن، اسم، اجلس، اشترك، استخرج، استخراج.

---

١٥ () المقتضب: جـ١/٢١٨.

ولا تكون همزة الوصل مفتوحة، ولا تكون ساكنة أبداً فقد جيء بها للتخلص من الساكن في أول الكلمة، ولكن همزة القطع تقبل جميع الحركات (الفتح، الضم، الكسر)، وتأتي ساكنة أيضاً ولها أوضاع مختلفة في الخط:» تكتب على ألف في مثل: ألك، وتكتب على واو في مثل: تُؤَدة، مؤرِّخ، تكافؤ، وتكتب على ياء في وسط الكلمة، مثل: بئر، ذئب، وفي آخر الكلمة مثل: شاطئ، قارئ. وتكتب مستقلة على السطر في مثل: دفء، عبء، شيء، بطيء.

وفرق ابن جني بين الهمزة والألف في الخط والنطق، فقال: «اعلم أن الألف التي أول حروف المعجم هي صورة الهمزة، وإنما كتبت الهمزة واواً مرة وياء أخرى، على مذهب أهل الحجاز في التخفيف، ولو أريد تحقيقها البتة، لوجب أن تكتب ألفاً على كل حال يدل على صحة ذلك أنك إذا أوقعتها موقعاً لا يمكن فيه تخفيفها، ولا تكون فيه إلا محققة، لم يجز أن تكتب إلا ألفاً مفتوحة كانت أو مضمومة أو مكسورة. وذلك إذا وقعت أولاً، نحو: أَخَذ، وأُخِذ، وإبراهيم، فلما وقعت موقعاً لابد فيه من تحقيقها اجتُمِع على كتبها ألفاً البتة، وعلى هذا وُجدت في بعض المصاحف (يستهْزأُون). بالألف قبل الواو، ووجد فيها أيضاً: ﴿وَإِن مِّن شَىْءٍ إِلَّا يُسَبِّحُ بِحَمْدِهِۦ﴾ [الإسراء:٤٤] بالألف بعد الياء وإنما ذلك لتوكيد التحقيق، وقد احتفظت بذلك بعض المصادر القديمة، ونقلته عن الثقاة» [١٦].

وقد أخرج أبو العباس المبرد الهمزة من جملة الحروف؛ لأنها في رأيه ليست لها صورة واحدة تثبت عليها في النطق. وقد رد عليه ابن جني ورأى أن هذا الرأي ليس بشيء؛ لأن جميع الحروف وجب إثباتها واعتدادها مادامت موجودة في النطق أو اللفظ، والهمزة موجودة في النطق مثل: الهاء، والقاف وغيرهما، فيجب أن يعتد بها حرفياً كغيرها.

والذي احتج به المبرد مما يطرأ عليها من انقلاب في بعض أحوالها، فهذا عارض يعرض لها من تخفيف أو بدل، ولا يخرجها من كونها حرفا، وانقلابها أدل دليل على كونها حرفا، فهناك حروف أخرى يحدث فيها قلب، ألا ترى أن الألف (المد) والواو والياء، والتاء والهاء والنون وغيرهن قد يقلبن في بعض الأحوال، ولا يُخرجهن القلب من كونهن

---

١٦ () سر صناعة الإعراب لابن جني - ط ١٩٥٤م - وزارة المعارف العمومية - جـ١/٤٦،٤٧.

حروفاً نحن نعتد بهن حروفاً، وهذا أمر واضح غير مشكل[١٧].

ويتناول ابن جني ألف المد (حركة الفتح الطويل) فيقول: «فأما المدة التي في نحو قام، وسار، وكتاب، وحمار، فصورتها أيضا صورة الهمزة المحققة، التي في أحمد، وإبراهيم، وأُترجّة، إلا أن هذه الألف لا تكون إلا ساكنة، فصورتها وصورة الهمزة المتحركة واحدة، وإن اختلف مخرجهما، وهو هنا يعني صورتها في الخط فقط دون الصوت، فالهمزة صوت يخالف الألف. ويوضح هذا على النحو التالي: «كما أن النون الساكنة في نحو من وعن والنون المحركة في نحو نعم، ونفر، تسمى كل واحدة منهما نوناً، وتكتبان شكلاً واحداً، ومخرج الساكنة من الخياشيم، ومخرج المتحركة من الفم كما أن مخرج الألف المتحركة التي هي همزة من الصدر، ومخرج الألف فوقها من أول الحلق، فهاتان ها هنا كتينك هناك»[١٨].

ولا يستطيع المتكلم أن يلفظ صوت ألف المد مستقلاً دون أن يسبقه بصوت صامت له مخرج؛ لأن صوت ألف المد لا يتعلق بمخرج كالهمزة والباء وغيرهما من الحروف الصامتة، ولهذا لا يمكن الابتداء به لسكونه، والعربية لا تبتدأ بساكن، فالمتكلم يمكنه نطق الألف في «عادل» بصحبة العين المتحركة بالفتح الذي يجانس الألف، ولكنه لا يمكنه تسكين ما قبل الألف في اللفظ في مثل: عماد، أولاد، وأولى من ذلك لا يمكنه التلفظ به مستقلاً كالهاء والعين إلا مسبوقاً بصوت صامت (با، تا، عا، أا) ولما لم يستطع المعلم ذكر الألف مستقلاً ابتدع له حاملا يظهره في النطق، وهو اللام في «لا» فتوهم بعض المبتدئين في التعليم، وبعض ضعاف العلم من المعلمين في عصرنا أن «لا» أو «لام ألف» حرف من حروف العربية وعلموا تلاميذهم ذلك، فدرجوا عليه في بقية مراحل التعليم، ولهج بذلك العوام وبعض من ينتسبون إلى العلم وبعض من يقال لهم متعلمون.

وقد تناول ابن جني قضية النطق بالألف وكتابته خطأ، وصحح أوهام المعلمين في «لا» فقال: «واعلم أن واضع حروف الهجاء لما لم يمكنه أن ينطق بالألف التي هي مدّة

١٧ () ارجع إلى: سر صناعة الإعراب - جـ١/٤٨.

١٨ () سر صناعة الإعراب: جـ١/٤٨.

ساكنة؛ لأن الساكن لا يمكن الابتداء به، دعمها باللام قبلها متحركة، ليمكن الابتداء بها، فقال: هـ و، لا، نما فقوله "لا" بزنة: ما، يا، ولا تَقُل كما يقول المعلمون:لام ألف. وذلك أن واضع الخط لم يُرد أن يرينا كيف أحوال هذه الحروف إذا تركّب بعضها مع بعض، ولو أراد ذلك، لعرَّفنا أيضاً كيف تتركب الطاء مع الجيم، والسين مع الدال، والقاف مع الظاء، وغير ذلك مما يطول تعداده وإنما مراده ما ذكرت لك، من أنه لما لم يمكنه الابتداء بالمدة الساكنة، ابتدأ باللام، ثم جاء بالألف بعدها ساكنة ليصح لك النطق بها كما صح لك النطق بسائر الحروف غيرها، وهذا واضح"[١٩].

وبين ابن جني سبب اختيار اللام دون غيرها: «فإن قال قائل: فلِمَ اختيرت لها اللام دون سائر الحروف؟ وهلاّ جيء لها بهمزة الوصل، كما فعلت العرب ذلك بالساكن لما لم يمكن ابتداؤه، نحو: اضرب، اذهب، انطلق، وغير ذلك؟

فالجواب أن همزة الوصل لو جيء بها قبل الألف توصلاً إلى النطق بالألف الساكنة، لما أمكن ذلك، لأدّتهم الحال إلى نقض الغرض الذي قصدوا له، وذلك أن همزة الوصل،كانت تأتي مكسورة، كما جرت العادة فيها، ولو كُسِرَت قبلها لانقلبت الألف ياء، لانكسار ما قبلها، فكنت تقول: «اِيْ» فلا تصل إلى الألف التي اعتمدتها. فلما لم يجز ذلك، عدلوا إلى اللام من بين سائر الحروف لما أذكره لك: وذلك أن وضّاع الخط أجراه في هذا على اللفظ؛ لأنه أصل للخط، والخط فرع على اللفظ، لما رآهم قد توصلوا إلى النطق بلام التعريف، بأن قدموا قبلها ألفاً نحو الغلام والجارية، لما لم يمكن الابتداء باللام الساكنة كذلك أيضا، قدم قبل الألف في «لا» لاما» توصلاً إلى النطق بالألف الساكنة، فكان في ذلك ضرب من المعاوضة بين الحرفين، وهذا بإذن اللـه غير مشكل»[٢٠].

وتختلف همزة القطع عن ألف المد أو اللين أيضاً: وقد سميت مداً وليناً؛ لأنها تخرج بامتداد ولين من غير كلفة على اللسان لاتساع مخرجها، فإن المخرج إذا اتسع انتشر الصوت ولان، فالألف صوت جوفي أو هوائي لا تتعلق بمخرج في الجهاز الصوتي،

---

١٩ () سر الصناعة: جـ٤٩/١.

٢٠ () سر الصناعة: جـ٤٩/١،٥٠.

والهمزة مخرجها الحنجرة، ونجد هذا في نطقها، ولكن الألف لا حيز لها محقق، فالألف امتداد صوتي ينشأ عن إشباع الفتحة فوق الحرف الذي قبلها، ولا تأتي في أول الكلمة أبداً، وهي دائماً ساكنة فإشباع الحركة سكون، والحرف الذي يسبقها مفتوح دائماً،و الهمزة تأتي في جميع المواضع كما ذكرنا آنفاً، وتقبل جميع الحركات في موضع واحد مثل: أَجَابَ، إِجابة، أُجيبُ، وألف المد لا تأتي في أول الكلمة؛ لأنها صوت، ساكن، وصوت ألف المد غير مستقل، لأنه يعتمد في نطقه على صوت صامت يتعلق بمخرج كالهمزة، والباء، والتاء فألف المد تظهر في نطق الكلمات الآتية: قرءان،باب، تاب.

وهمزة الوصل: تنطق خفيفة عند البدء بها أول الكلمة وتسقط في كلام متصل، وتكون مكسورة ومضمومة — قليلاً — وهي تزاد في أول الكلمة التي تبتدأ بحرف ساكن، فيؤتى بها قبله؛ لأن اللغة العربية لا تبتدأ بحرف ساكن، ولم يرمز لها في الخط برمز همزة القطع لئلا تلتبس بها، فخالفتها في الخط، فرمز لها برمز ألف المد «ا»، لأن ألف المد لا تكون أول الكلمة لسكونها.

وما نسميه في الرسم ألفاً (ا) في أول الكلمة ليس ألف المد التي نتحدث عنها، بل همزة القطع التي لا نسمع فيها مداً في مثل: استخرج، استخراج، ابن، اسم، فهذه الألف في الخط ليست التي تسمعها مداً في: قال، عاد.

وقد أطلق عليهما ألفاً في الخط فقط؛ لأن رمزهما في الكتابة واحد، بيد أن ألف المد في آخر الكلمة قد تكتب في الخط ألفاً في مثل: رحا، صبا، سنا، صفا، وقد تكتب ياءً في مثل: قضى، هدى.

وقد تكون مزيدة كعلامة التأنيث في مثل: سكرى، غضبى، وفي جمع التكسير:كسالى، سكارى، صرعى، أسرى. وتختلف الهمزة كذلك عما يسمى بالألف الممدودة في مثل: الرجاء، فالهمزة التي وقعت في آخر الكلمة مقلوبة عن أصل، وهو الواو، فالأصل رجا وتطرفت الواو بعد ألف المد فقلبت همزة، ولكن الهمزة في مثل: سأل، أكل أصلية، والهمزة في أسماء، دعاء، مثل همزة رجاء، وكذلك ما يسمى بألف التأنيث الممدودة في حمراء، خضراء مقلوبة عن مزيد، والأصل: خضرى، حمرى.

* * *

مواقع الهمزة في الكلمة

تقع الهمزة في أول الاسم والفعل ووسطهما وآخرهما، ولا تقع إلا أول الحرف، والفعل الذي تخلو حروفه الأصلية من الهمزة يسمى سالماً، فالهمزة في الاسم نحو: أب، أم، أخ، فأس، رأس، بئر، ذئب، بدء، نشء، دفء، شاطئ، هادئ، تكافُؤ، تهيُؤ. والأسماء المبنية نحو أولئك، أولو، أولاء، أين، وأيان، وأي. والهمزة في الفعل نحو: أخذ، أكل، سأل، قرأ، بدأ.

والهمزة في الحروف نحو: إذا، إذْ، إذن، أجل، ألا، أم، أمّا، إمّا، أنَّ، إنْ، أو، إى، أي، أيا.

والهمزة فيما سبق من أحرف الكلمة الأصلية، وهي لا تحذف أول الكلمة إلا في قليل منها نحو: همزة الوصل في «سل» ، «مر» (الأمر من سأل، أمر)، ومرأة (امرأة)، ولكنها تحذف في حشو الكلمة وآخرها مثل: سل اسأل، وابتدا (ابتداء) حذفت الهمزة وهي أصل. ولا تخفف ألفاً أو واواً أو ياء في الابتداء ؛ لأنها أول ما يلفظ المتكلم، ولكنها قد تخفف أو تقلب واواً أو ياء أو ألفاً في وسط الكلمة وآخرها، و تخفف في: فأس: فاس، وبئر: بير. وفي الأفعال: بدأ: بدا، نشأ: نشا، سأل: سال، ويسمى هذا تسهيلاً.

وتحذف للثقل إن كانت مزيدة في أول الفعل المضارع بعد حروف المضارعة نحو: أكرم يقال: يُكرم، نُكرم، تكرم، أكرم، فالأصل في مضارع الرباعي أن يضم حرف المضارعة نحو: دَحْرَجَ:يُدَحْرِج، ومثل أكرم: يُؤَكْرم، نُؤَكْرِم، تُؤَكْرِم، أُؤَكْرِم، وقعت الهمزة بين ضم وسكون فثقلت، فحذفت تسهيلاً ونصل من ذلك إلى أن حرف المضارعة المضموم يدل على أنه مضارع الرباعي زنة أفعل نحو: أكرم، أحسن، أعطى، ومضارعه: يُفْعِل. ومضارع الثلاثي منه يفتح فيه حرف المضارعة. نحو: حَسُن، يَحْسُن، كَرُم: يَكْرُم.

والهمزة المحققة في أول الكلمة تسمى همزة قطع، وتأتي في أول الاسم والفعل

والحرف، وهذه الأنواع تشكل بناء اللغة العربية فمنها يتألف الكلام:

أولاً- الهمزة في الأسماء: تأتي الهمزة في جميع الأسماء إلا ما اختصت به همزة الوصل في أول الكلمة - وقد أفردنا لها موضعا من كتابنا هذا يلي هذا المبحث مباشرة — بيد أن همزة القطع تنفرد بمجيئها في وسط الكلمة وآخرها دون همزة الوصل: والأسماء التي ترد فيها الهمزة مصدرة أولها هي:

- أسماء الأعلام مثل: أب، أم، أرض، أرز ... إلخ.
- الضمائر مثل: أنا، أنتَ، أنتِ، أنتم، إياي، إيانا، إياكم.
- مصدر الثلاثي: أسف، ألم، أرق، أمل.
- مصدر الرباعي: إسراع، إنقاذ، إرادة، إجابة.

ثانياً- الهمزة في الأفعال مثل:

- ماضي الثلاثي المهموز: أبي، أتى، أخذ، أسف.
- ماضي الرباعي: أجري، أحسن، أخاف، أسرع.
- أمر الرباعي: أسْرع، أجاب، أوقد، أكمل.
- المضارع من الثلاثي: أكتب،أشرب، ومن الرباعي: أسافر، أقاتل، أدحرج، ومن الخماسي: أختار، أمتاز. ومن السداسي: أستحسن، أستخرج.

ثالثاً- الهمزة في الحروف: كل الحروف همزتها قطع ما عدا همزة (ال) التعريف، فإنها همزة وصل، ومن هذه الحروف: همزة الاستفهام مثل: أأنت قلت؟، وهمزة النداء مثل: أمحمدُ أقبلْ، وهمزة التسوية مثل: ﴿سَوَآءٌ عَلَيۡهِمۡ ءَأَنذَرۡتَهُمۡ أَمۡ لَمۡ تُنذِرۡهُمۡ لَا يُؤۡمِنُونَ ٦﴾ [البقرة]، ومثل ﴿سَوَآءٌ عَلَيۡهِمۡ أَسۡتَغۡفَرۡتَ لَهُمۡ أَمۡ لَمۡ تَسۡتَغۡفِرۡ لَهُمۡ لَن يَغۡفِرَ ٱللَّهُ لَهُمۡ﴾ [المنافقون:٦] ، و»أما»، و»إما»، و»إذا» الشرطية، و»إذْ» الفجائية، وهمزة المضارع في مثل: أقول، أشرب، وفي حروف العطف نحو: أم، أو، وغير ذلك من حروف المعاني التي تصدر بهمزة، فجميع همزات الحروف همزات قطع عدا همزة «ال» التعريف، فهي وصل.

والهمزة تكون أول الحروف ولا تكون وسطها أو آخرها.

- الهمزة وسط الاسم مثل: بئر، فأر، سُؤر، بئر، وآخرهُ مثل: دفء، شاطئ، سبأ.

- الهمزة وسط الفعل مثل: يَئِس، فَأَلَ سأل، وآخرة مثل: نشأ، بدأ.

همزة الوصل

الهمزات في أوائل الكلم على نوعين: همزة قطع، وهمزة وصل. وهمزة القطع هي التي ينقطع باللفظ بها ما قبلها عما بعدها، وهمزة الوصل: هي التي تثبت في الابتداء، وتحذف في الوصل؛ لأنها إنما جيء بها توصلاً إلى النطق بالساكن لما لم يمكن الابتداء به، فإذا اتصل ما بعدها بما قبلها حذفت للاستغناء عنها[٢١]، فهي تسقط وصلاً، ولكنها لا تسقط خطاً، فهي ثابتة في الخط.

وهمزة القطع، وهمزة الوصل تقعان أول الكلمات في نحو: أخذ، أين، واسم، استخرج، ويتفقان في الرسم فهما في الرسم ألف، ولكن الأصل في همزة القطع رأس العين «ء» والألف حاملة لها في الفتح نحو «أحمد» وهمزة الوصل ألف مجردة من رأس العين «ا»، ولهذا أطلق عليها علماء العربية ألف الوصل، وذلك باعتبار الرسم، لا النطق، واختيرت رأس العين في رمز همزة القطع لقرب مخرجيهما (العين والهمزة).

وأطلق القدماء على الهمزة ألفاً، يقولون: «ألفات القطع»، و»ألفات الوصل»، يريدون: همزة القطع وهمزة الوصل، وقد سميت ألفاً في أول الكلمة دون الهمزة التي تقع وسط الكلمة وآخرها؛ لأنها تكتب في أول الكلمة ألفاً، دون رأس العين في نحو: انطلق، اسم، وتسمى « أ « ألف القطع في الخط فقط؛ لأن رمز الهمزة في الخط ألف، لكنها في النطق همزة لا ألف، فلا يصح أن تسميها ألفاً في معالجتها صوتياً، فهي عند الصوتيين همزة وعند أهل الخط همزة وألف القطع ، وهي نفسها الهمزة التي تكتب وسط الكلمة وآخرها ولكن يختلف رسمها نحو: فأر، بئر، سُؤر، وشيء، مبتدأ، شاطئ، سماء، تهيُّؤ.

ويرجع سبب اختيار همزة الوصل في الابتداء ؛ لأن العرب أرادوا حرفا يتبلغ به في الابتداء، ويحذف في الوصل للاستغناء عنه بما قبله، فلما بحثوا عن حرف يمكن حذفه أو إثباته دون إضرار باللفظ، جعلوه همزة الوصل؛ لأنها تحذف تخفيفاً في أول بعض الكلمات

---

٢١ () اللمع لابن جني، ص٣٠٥.

نحو: سل من سأل وخذ من أخذ، وكل من أكل حذفت همزة الوصل تخفيفاً في سل حذفت همزة وسطها فنقلت حركتها إلى الساكن قبلها، فاستغنوا عن همزة الوصل، وحذفت همزة القطع والوصل تخفيفاً في الأمر من أخذ وأكل: (أؤخذو أُؤكل) وما بعدهما متحرك، فلم تعد هنالك حاجة إلى همزة الوصل في أول الكلمة[٢٢].

وهمزة الوصل أقل وقوعاً في الكلام من همزة القطع، ولهذا يمكن حصر مواقعها.

وهمزة الوصل تكون في أول الكلمة ولا تظهر في النطق، وهي عبارة عن حركة خفيفة يرمز لها في الخط بألف مجردة من رأس العين « ا »، ويعقبها حرف ساكن، وهي خلاف صوت الألف الذي يأتي وسط الكلمة وآخرها، فالألف الطويلة حركة فتح طويل، وهمزة الوصل لا تكون إلا في أول الكلمة التي تبدأ بساكن، فالعربية لا تبدأ بساكن، كما أنها ليست مداً طويلاً كالألف، بل حركتها كسرة قصيرة كما في «اِسم» أو ضمة قصيرة كما في «اُقتل».

وليست همزة الوصل من بنية الكلمة، فقد جيء بها للتخلص من الساكن في أول الكلمة وإنما دخلت هذه الألف لسكون ما بعدها، لأنك لا تقدر على أن تبتدئ بساكن، فإذا وصلت إلى التكلم بما بعدها سقطت، وإنما تصل إلى ذلك بحركة تلقي عليه، أو يكون قبل الألف كلام فيتصل به ما بعدها، وتسقط الألف، لأنها ليست أصلاً في الكلمة بها، وإنما دخلت توصلاً إلى ما بعدها، فإذا وصل إليه فلا معنى لها[٢٣].

والهمزة تجتلب لأجل سكون ما يليها حتى يمكن النطق به، وتسقط عند إدراج الكلام فإذا وصلتها بكلمة، وكان آخر تلك الكلمة ساكناً تحرك الساكن الأخير لسقوط همزة الوصل في النطق واتصال الساكن الأخير من الكلمة بالساكن في الكلمة التي اتصلت بها نحو: لم يقل الحق، تحركت اللام وهي ساكنة للجزم، لالتقائها باللام الساكنة في الحق بعد سقوط همزة الوصل، من النطق. ومثل ذلك تاء التأنيث، فهي ساكنة، ولكنها تتحرك إن تلتها همزة الوصل، قال تعالى: ﴿ إِذْ قَالَتِ ٱمْرَأَتُ عِمْرَٰنَ ﴾ [آل عمران:٣٥].

---

٢٢ () سر الصناعة لابن جني: ٢٧/١، واللمع ص٣٠٦،٣٠٥.

٢٣ () المقتضب: جـ٢١٨/١، وقد أطلق عليها المبرد اسم ألفات القطع وألفات الوصل، وهن همزات في أوائل الأسماء، والأفعال، والحروف.

حركة همزة الوصل:

همزة الوصل في الأسماء والأفعال مكسورة، ولكنها قد يعرض لها عارض فتضم:

تضم في الأفعال في كل موضع كان ثالثها مضموماً ضماً لازماً، وذلك نحو: اُتْلُ، اُخْرُج، اُنْطُلق بزيد، اُسْتُخْرِج المال. ضمت الهمزة كراهية الخروج من كسر إلى ضم بناء لازماً.

وقد ضمت الهمزة مراعاة للأصل، مثلما تقول في الصحيح: اُقْتُلي، اُدخُلي، وتضم الهمزة أيضا مراعاة للأصل المحذوف مثل: قولك للمرأة: اُغْزِي، اُغدي، فضموا الهمزة، لأن المحذوف واو والأصل اغزُوي، اغْدُوي اعتلت الواو فحذفت، ثم كسر ما قبل ياء المخاطبة للمناسبة، أي مناسبة الكسرة للياء دون غيرها، ولهذا لا تضم الهمزة في مثل: ارسمُو، واقضو، واشروا؛ لأن المحذوف ياء، والأصل: ارْمِيُو، اقضِيُوا، حذفت الياء وانضم ما قبلها ليناسب حركة واو الجماعة، وكسرت الهمزة من أجل الياء المحذوفة.

وقد بقيت ألف همزة التعريف فتحة؛ لأن اللام حرف فجعلوا حركة الهمزة معها فتحة، لتخالف حركتها في الأسماء والأفعال.

وفتحت في همزة اَيمن، واَيم، وهي اسم؛ لأنه اسم غير متمكن، ولا يستعمل إلا في القسم وحده[٢٤].

والأصل في همزة الوصل الكسر، **قال سيبويه:** «واعلم أن الألف الموصولة فيما ذكرنا في الابتداء مكسورة أبداً إلا أن يكون الحرف الثالث مضموماً فتضمه، وذلك قولك: اُقتل، اسُتضيف، اُحتُقِر، اُحْرُنجم، وذلك أنك قربت الألف من المضموم إذا لم يكن بينهما إلا ساكن فكرهوا كسرة بعدها، وأرادوا أن يكون العمل من وجه واحد»[٢٥].

وذهب المبرد مذهب سيبويه فقال: «وهذه الألف الموصلة أصلها أن تبدأ مكسورة تقول: اِعلم، اِنطلق»[٢٦].

---

٢٤ () ارجع إلى: سر صناعة الإعراب - جـ١/١٣١،١٣٢.

٢٥ () الكتاب: جـ٢/٢٧٢.

٢٦ () المقتضب: جـ١/٢١٩،وتسهيل الفوائد ، ص٢٠٣.

وتضم همزة الوصل إذا كان الحرف الثالث من يَفْعل مضموماً ابتدئت مضمومة مثل: رَكَضَ، يرْكُضَ، والأمر منها اُركضْ (بضم همزة الوصل) ومثل: قتل يقْتُل والأمر: اُقتل، ومثل: عدا، يعدو، اُعْدُ، ومثل: غزا، يغزو، اُغزُ. وكذلك للمرأة: اُركضي، اقتلي، اعدي، لأن العلة واحدة.

وتقع همزة الوصل في أول الكلمة كما ذكرنا آنفاً، ويستعان بها في أول الكلمة للتخلص من سكون أولها، في مثل: «اجْتهد « أول حروف الكلمة الجيم، وهو حرف ساكن، فجيء بالهمزة المتحركة بالكسر قليلا للتوصل إلى ما بعدها، ولهذا فهمزة الوصل لا تظهر في قوله تعالى: "قَالَتِ ٱمْرَأَتُ عِمْرَٰنَ » بوصل تاء التأنيث في ميم امرأة دون ظهور همزة الوصل في الأداء الصوتي دون الخط، وتحركت تاء التأنيث الساكنة للتخلص من التقاء الساكنين (التاء، والميم)

ومواضع همزة الوصل في اللغة العربية تحصر فيما يأتي:

أولاً- الأسماء: تأتي همزة الوصل في أول الأسماء الآتية:

١- اسم، ابن، ابنة، ابنم، امرؤ، امرأة، ومثنى اسم، وابن، وابنة: اسمان، ابنان، وابنتان، واثنان واثنتان، والهمزة التي في قسم: ايمن اللـه أو مختصرها (ايم اللـه) واست (الشرج).

٢- مصدر الفعل الخماسي على وزن افتعال مثل: اجتماع، اتحاد، اشتراك، ائتلاف. ووزن انفعال نحو: انفصال، انفصام، انضمام.

٣- مصدر الفعل السداسي على وزن استفعال مثل:استخراج، استقلال، استحسان.

٤- وزن افعيعال، مثل: اغديدان (طال)، اعشيشاب، ووزن افعوعال مثل: اخْضوضار، ووزن: افعلاّل، نحو: اشمئزاز، واقشعرار، وافعنلال نحو: اقعنساس (تراجع)، وافعلال: احمرار وافعيلال: احميرار. وافعوّال: اعلوّاط (تعلق برقبة البعير)..

ثانياً- الأفعال: تقع همزة الوصل في أول الأفعال الآتية:

١- ماضي الخماسي مثل: اجتمع، اتحد، ائتلف، وانفعل: انكسر، انفصل، وافعلّ: احمر، اصفرّ.

٢- ماضي السداسي، مثل: استخرج، استقبل، وافحوعل: اعشوشب، اغدودن وافعللّ: اشمأزّ، اقشعرّ؛ وافعالّ: احمارّ، اصفارّ افعوّل: اعلوّط وافعنلي: اسلنقى .

٣- الأمر الثلاثي على وزن اُفعل، واِفعل مثل: اُكْتُبْ، اُذْكر، اُدْعُ (بضم الهمزة) واِجْلِسْ، اِذْهَبْ (بكسرها)

٤- أمر الخماسي نحو: انفصل، انطلق وافتعل نحو: اتصل، واتحد. السداسي على وزن استفعل مثل: استخرجْ، استقبلْ.

ثالثاً- الحروف: لا تأتي همزة الوصل إلا في واحد منها، وهو «ال» التعريف في مثل: الولد، الذي، اللاتي، اللائي.

ولا تكتب همزة الوصل في المواضع الآتية:

١- أن تقع بين باء الجر واسم ويكثر استعمالها، وقد وقع الحذف في البسملة فقط «بسم الله الرحمن الرحيم» لكثرة دورانها على الألسنة، فحذفت تخفيفاً، قال تعالى: " إِنَّهُۥ مِن سُلَيْمَٰنَ وَإِنَّهُۥ بِسْمِ ٱللَّهِ ٱلرَّحْمَٰنِ ٱلرَّحِيمِ « [النمل:٣٠]، وقوله تعالى: "وَقَالَ ٱرْكَبُوا۟ فِيهَا بِسْمِ ٱللَّهِ مَجْرٜىٰهَا وَمُرْسَىٰهَآ ۚ إِنَّ رَبِّى لَغَفُورٌ رَّحِيمٌ» [هود:٤١]. ولكنها تثبت فيما عدا البسملة. قال تعالى: "ٱقْرَأْ بِٱسْمِ رَبِّكَ ٱلَّذِى خَلَقَ» [العلق:١]، وقال تعالى: " فَسَبِّحْ بِٱسْمِ رَبِّكَ ٱلْعَظِيمِ » [الواقعة:٧٤].

٢- أن تدخل لام الجر على «ال» التعريف فتحذف همزة الوصل من الكتابة، وتسقط من النطق مثل: هذا للقوم، وللغلام، وللناس، ولكن لا تحذف همزة الوصل إذا كانت الألف واللام من بنية الكلمة مثل: التقاء، التفات، التباس، هذه كلمات نكرات، ولا تحذف الهمزة التي في أولها، مثل: «عنفت فلاناً لالتقائه سراً بخصم لي»، و»أعاد قوله لالتباس معناه عليّ». فالهمزة في هذه الكلمات من صيغة «افتعال» وعندما تدخل عليها (ال) التعريف تظل الهمزة كما هي فتكتب في مثل: الالتقاء، الالتفات، الالتباس دون حذف الهمزة التي تصحب الكلمة في التنكير، وتحذف همزة (ال التعريف) في حالة دخول لام الجر عليها، مثل: للالتفات، للالتباس، للالتقاء بحذف همزة (ال التعريف).

٣- أن تدخل عليها باء الجر، وهي في « ال « التعريف عليها باء الجر في مثل: مررت بالناس، وبالغلام، وكذلك في الكلمات التي تبدأ بألف ولام على وزن افتعال مثل: بالالتقاء، بالالتفات، بالالتباس.

٤- أن تقع بعد همزة الاستفهام في مثل: أسمه محمد؟ ﴿أَصْطَفَى ٱلْبَنَاتِ عَلَى ٱلْبَنِينَ ﴿١٥٣﴾﴾ [الصافات]، ﴿سَوَآءٌ عَلَيْهِمْ أَسْتَغْفَرْتَ لَهُمْ﴾ [المنافقون:٦]، ويستثنى من ذلك همزة « ال « التعريف فلا تحذف بعد همزة الاستفهام في مثل: "ءَآللَّهُ خَيْرٌ أَمَّا يُشْرِكُونَ » [النمل:٥٩]، و" ءَآلْـَٔنَ وَقَدْ عَصَيْتَ قَبْلُ »[يونس:٩١]، آلشاهد حضر؟ تكتبه بالألف ولا تبدل من المدة شيئاً.

٥- أن تحذف إذا دخلت عليها لام الابتداء في مثل: ﴿وَلَلْآخِرَةُ خَيْرٌ لَّكَ مِنَ ٱلْأُولَىٰ﴾ وفي مثل: "إِنَّ عَلَيْنَا لَلْهُدَىٰ» وتحذف بعد لام الاستغاثة في مثل: ياللرجال! واللام بعد يا التعجبية مثل: ياللماء! ياللسماء!

٦- تحذف همزة ابن وابنة في المواضع الآتية:

إذا وقعت بين اسم ابن وأبيه متصلين، مثل: محمود بن عكاشة، أسماء بنة أبي بكر ذات النطاقين، وتثبت في المواضع التالية:

لا تحذف الهمزة في حال تثنية ابن وابنة أو وجمعهما، مثل: العباس وحمزة ابنا عبدالمطلب عما رسول الـله ﷺ، ومثل: زينب وأم كلثوم ابنتا علي - رضي الـله عنهم[٢٧] .

ومثل: علي وجعفر وعقيل أبناء أبي طالب، وزينب وأم كلثوم ورقية وفاطمة بنات محمد بن عبد الـله ﷺ.

ولا تحذف أيضاً في حالة الفصل بين اسم الابن وأبيه بجملة اعتراضية أو أن يقع اسم الأب في أول السطر الذي يلي السطر الذي انتهي باسم الابن، **ومثال هذا:** محمد

النبي ﷺ ابن عبد الـلـه بن عبد المطلب، ومثل: طارق – فاتح الأندلس – ابن زياد، أو فتح الأندلس طارق هو ابن زياد.

وذكر ابن قتيبة همزة الوصل في الخط بين البنت وأبيها، وتكتب (هذه هند ابنة فلان) بالألف، فإذا أسقطت الألف كتبت (هذه هند بنت فلان) بالتاء، ورأى أن الأفصح إذا دخلت الألف أثبت التاء. قال تعالى: "وَمَرْيَمَ ٱبْنَتَ عِمْرَٰنَ» [التحريم:١٢]. كتبت بالتاء[٢٨]. "وَمَرْيَمَ ٱبْنَتَ عِمْرَٰنَ» في الرسم المصحفي، وكتبت بالتاء، لأنها موصولة في النطق (مضاف ومضاف إليه) وما عليه الخط الآن حذف الهمزة بين البنت وأبيها.

- وتحذف همزة الوصل بين اسم نسب لمهنة أبيه التي عرف بها، فصارت اسما له مثل: محمد بن الكاتب، وعلي بن التاجر، وأحمد بن الخشاب، ومحمد بن النجار.
- تثبت في حالة الوصف بين اسمين ليسا علمين للابن وأبيه، مثل: المصري ابن المصري يحب بلده. ومثل: الكريم ابن الكريم ابن الكريم ابن الكريم يوسف بن يعقوب بن إسحاق بن إبراهيم. فكلمتا المصري والكريم ليستا علمين لمن وصف بهما.
- إذا وقعت ابن خبرا، وليست وصفا للعلم قبلها كما هو بين الابن وأبيه، ومثال هذا ادعاء اليهود أن عزيزاً ابن الـلـه: " وَقَالَتِ ٱلْيَهُودُ عُزَيْرٌ ٱبْنُ ٱللَّهِ وَقَالَتِ ٱلنَّصَٰرَى ٱلْمَسِيحُ ٱبْنُ ٱللَّهِ ۖ ذَٰلِكَ قَوْلُهُم بِأَفْوَٰهِهِمْ ۖ يُضَٰهِـُٔونَ قَوْلَ ٱلَّذِينَ كَفَرُوا۟ مِن قَبْلُ ۚ قَٰتَلَهُمُ ٱللَّهُ ۚ أَنَّىٰ يُؤْفَكُونَ » [التوبة:٣٠].
- كذلك إذا جاء ابن إخباراً في مثل: ابن من يوسف؟ يوسف ابن يعقوب.وقعت ابن خبراً. ولا تكتب همزة الوصل في كناية الأشخاص المجهولين مثل: فلان بن علاّن، ولا تكتب بين الكنى إذا كانت أعلاماً لأصحابها مثل: حضر أبو بكر بن أبي علي. ونجحت أم هاشم بنة أم الفضل. ولا تكتب بعد همزة الاستفهام في مثل: أبن علي هذا؟ أبنة محمد هذه؟
- وتحذف كذلك بعد «يا» النداء، في مثل: يابن الأكرمين، يابنة الوادي.

---

٢٨ () أدب الكاتب، أبو محمد عبد الله بن مسلم بن قتيبة الدنيوري - تحقيق علي ناعور - دار الكتب العلمية - ط أولى ، ١٤٠٨هـ ، ١٩٨٨م ، ص١٦٣.

قد ذكرنا سابقاً أن همزة الوصل تجتلب لأجل سكون ما يليها حتى يمكن النطق به، وبيَّنا من قبل أنه تسقط وصلاً أو عند إدراج الكلام، فإذا وصلتها بكلمة سابقة وكان آخر تلك الكلمة ساكناً سقطت هي، فيجب لالتقاء الساكنين تحريك الأول بالكسر وعلى هذا تكسر تاء التأنيث الساكنة لمجيء الساكن بعدها بعد إسقاط همزة الوصل من النطق دون الكتابة، فهي تسقط في اندراج الكلام وصلاً، ويلتقي الساكن بعدها بالتاء الساكنة، فيجب لالتقاء الساكنين، كسر التاء التي هي علامة فعل المؤنث، فتتحرك تاء التأنيث بالكسر، وذلك نحو قوله جل جلاله: "إِذَا وَقَعَتِ ٱلْوَاقِعَةُ » [الواقعة] فكسرت التاء لأجل سكونها وسكون اللام، وكقوله تعالى: "قَالَتِ ٱمْرَأَتُ ٱلْعَزِيزِ » [يوسف:٥١] فكسرت التاء لسكونها وسكون الميم؛ لأن همزة الوصل تسقط لاندراج الكلام وصلاً.

وإن كان الساكن الأول فعل أمر تحرك آخره نحو: "قُمِ ٱلَّيْلَ إِلَّا قَلِيلًا » [المزمل:٢]. واضربِ العبد. وكذلك إن كان الفعل مجزوماً كقوله تعالى: " لَمْ يَكُنِ ٱلَّذِينَ كَفَرُوا۟ » [البينة]. وكذلك إن كانت اسماً مبنياً على السكون نحو: كم المال؟ ومن الرجل؟ وكذلك إن كانت حرفاً مبنياً على السكون نحو قوله تعالى: " يَسْـَٔلُونَكَ عَنِ ٱلْخَمْرِ » [البقرة:٢١٩].

ولم يشذ من ذلك إلا فتح النون من «مِنْ» وذلك في قوله تعالى: " وَمِنَ ٱلنَّاسِ مَن يُعْجِبُكَ قَوْلُهُۥ »[البقرة:٢٠٤]. تحركت «النون» في مِنَ لسكونها وسكون الحرف استثقالاً لتوالي كسرتين من الناس، وقد كسر بعضهم نون «من» تشبيها لها بنون «إن» في قوله تعالى: "إِنِ ٱمْرُؤٌا۟ هَلَكَ » [النساء:١٧].

تخفيف الهمزة:

التخفيف في نطق الهمزة قلبها إلى صوت آخر من أصوات اللين (ا، و، ي) ليسهل نطقها على من تعذر عليه تحقق نطقها من الحنجرة أو استثقل نطقها، أو حذفها من الكلمة إن كانت متحركة قبلها ساكن، وقد يكون التخفيف بالحذف [٢٩].

٢٩ () التخفيف يكون بالحذف أو بالقلب، الحذف كالأمر من أكل، أخذ، أمر، الأمر منها على القياس: اؤكل، اؤخذ، اُومر مثل: اُخْرج، اكتب، وحذفها العرب تخفيفاً فقالوا: كل، خذ، مر، جاء في الحديث: « مروهم بالصلاة لسبع» رواه أبو داود، وبعض العرب يقول: اؤمر، وهذا الشائع في خطابنا.

والهمزة إذا كانت ساكنة تقلب — إن أردت تخفيفها — على مقدار حركة ما قبلها، وذلك قولك في «رأْس» و«فأس» و«كأْس» و«سُؤْر» (بقية الماء في الإناء بعد الشرب)، وجُؤْنة (الحقة يجعل فيها الحلي)، ومؤنة (زاد)، وذِئْب، وبئر. إن أردت التخفيف: راس، فاس، كاس، سُوْر، جُوْنة، مُوْنة، ذيب، وبير. والعوام تميل إلى التخفيف فتقول: فار، تار، بير في: فأر، ثأر، بئر.

وتقلب الهمزة إلى حرف اللين الذي يجانس حركة السابق عليها، فإنك تقلب الهمزة إلى ما قبلها من الحركات، فإن كانت حركة السابق عليها فتحة قلبت الهمزة ألفاً مثل: رَأس: رَاس، كَأس: كاس، وإن كان ما قبلها مضموماً قلبت واواً مثل: مُؤْنة: مُوْنة، سُؤْر: سور، وإن كان ما قبلها كسرة تقلب ياء في مثل: بئر: بير، ذِئب: ذيب.

وذلك أن الكسرة تناسب نطق صوت الياء الذي يتسفل فيه اللسان والفتحة تناسب نطق الألف، والضمة تناسب الواو، والحركات القصيرة (الفتحة، والضمة، والكسرة) أبعاض الحركات الطويلة (حروف المد واللين) أو أجزاء منها، فالفتحة من الألف، والكسرة من الياء، والضمة من الواو، فقلبت الهمزة في تخفيفها إلى حرف لين يجانس حركة السابق عليه.

وينحى بالهمزة نحو الياء إذا كانت مفتوحة، وكان قبلها حرف مكسور، فإنك تبدل مكانها ياء في التخفيف، وذلك قولك في المئر: مير (جمع مِئْرَة: إيقاع العداوة بين الناس) في «يريد أن يقرِئك» يقريك[٣٠].

وينحى بالهمزة نحو الواو تخفيفاً إذا كانت مضمومة وقبلها فتح أو كسر، مثل: لَؤُم الرجل: لَوم الرجل؛ لأن الضمة من الواو في محل الفتحة من الألف، والوزن واحد فيهما (تحقيقاً وتخفيفاً) فقلبت الهمزة المضمومة واواً.

وتخفف الهمزة واواً إذا كانت ساكنة أو مفتوحة، وسبقت بحرف مضموم مثل: جُؤْنة: جُونة. وتخفف واواً في جمع جُؤْنة: جُؤَن — بفتح الهمزة، فإن خففت الهمزة أخلصتها واواً، فقلت: جُوَن[٣١].

---

٣٠ () كتاب سيبويه: جـ٢/١٦٤، والمقتضب: ٢٩٣/١.

٣١ () المقتضب: ٢٩٤/١ - والجونة: الحقة يجعل فيها الحليّ.

وتخفف الهمزة في المواضع الآتية:

- إذا اجتمعت همزتان في كلمة واحدة تخفف إحداهما، فتقلب إلى حرف لين يناسب حركة الهمزة الأولى المتحركة، فإن تحقيق النطق بهما يتعذر أو يثقل على المتكلم، مثل: «آدم» جعلت الهمزة الثانية الساكنة ألفاً للفتحة التي قبلها على الهمزة الأولى.

- فإن كانت الهمزتان في كلمتين جاز لك أن تخفف أو أن تحقق أي تنطقهما، ومثال ذلك قراءة أبي عمر بن العلاء في قوله تعالى: "فَقَدْ جَآءَ أَشْرَاطُهَا" بتخفيف الهمزة الأولى في «جا»، لأن الثانية جاءت في أول الكلمة الأولى في آخر الكلمة، فخفف الهمزة التي وقعت آخر الكلمة، وكان يحقق الأولى إذا قرأ: "ءَأَلِدُ وَأَنَا۠ عَجُوزٌ" [هود:٧٢]. لم يخفف الأولى؛ لأنها ليست في كلمة، فهي همزة الاستفهام جاءت لوظيفة في الجملة، ووقعت أولاً، والأولى يلفظ بها، وخففت الثانية لمجيئها بعد الأولى التي لفظ بها في صدر الجملة فقلبها ألفاً: « آلد »[٣٢].

وقرأ غيره من القراء بتحقيق الهمزتين؛ لأنهما منفصلتان، وليستا في كلمة واحدة فقالوا: " ءَأَلِدُ وَأَنَا۠ عَجُوزٌ "، ومثلها "فَقَدْ جَآءَ أَشْرَاطُهَا".

وتبدل همزة الوصل مدّة مع همزة الاستفهام، إذا كانت مفتوحة (مثل ال، وأَيم، اَيمن) حتى لا يلتبس الاستفهام بالخبر أو بالهمزة التي تقع في أول الكلمة مثل: آلولد فعل ذلك؟ ومثلها قوله تعالى: "ءَآللَّهُ أَذِنَ لَكُمْ".

- ما كان أوله همزة مثل: أذن، أتى يجور فيه أن تقلب الهمزة في الأمر إلى صوت لين يجانس حركة الوصل مثل: ايت فلاناً، ايذن لمحمد.

ولكن إذا دخلت عليه فاء العطف أثبت الهمزة: فأت فلاناً، فأذن له عليك "فَأْذَنُوا۟ بِحَرْبٍ مِّنَ ٱللَّهِ" [البقرة:٢٧٩]. وكذلك إذا دخلت عليها الواو مثل: وأتوني. قال تعالى: "وَأْتُونِى بِأَهْلِكُمْ أَجْمَعِينَ" وأذنوا[٣٣].

---

٣٢ () ارجع إلى المقتضب: ٢٩٥/١، وكتاب سيبويه: جـ١٦٨/٢.

٣٣ () والفرق بين الفاء والواو أن الفاء والواو يتصلان بالحرف، فكأنهما منه، ولا يجوز أن يفرد واحد منهما كما تفرد ثم لأن ثمّ منفردة عن الحرف. أدب الكاتب - ص١٦٤.

وكذلك تخفف الهمزة في الأمر مثل: ائت، ائذن. قال تعالى: "وَمِنْهُم مَّن يَقُولُ ٱئْذَن لِّي »[التوبة:٤٩]، "ثُمَّ ٱئْتُواْ صَفًّا » [طه:٦٤]، "يَٰصَٰلِحُ ٱئْتِنَا «[الأعراف:٧٧].

ومتى اجتمعت همزتان الأولى مكسورة، والثانية ساكنة رجح قلب الساكنة ياء، تقول في الأمر من أَذِنَ: إيذنْ، إذا ابتدأت، فإن وصلت كنت مخيراً بين الإقرار والإبدال[٣٤].

وإن سبقت الهمزة بياء ساكنة زائدة وقبلها كسرة أو كانت قبلها واو ساكنة قبلها ضمة، لا يجوز أن تطرح على الياء أو الواو حركة الهمزة، لأنهما مما لا يجوز تحريكه وتخفف الهمزة بقلبها حرفاً يجانس ما قبلها، ثم يدغم فيه، مثل: خطيئة، ومَقْروءة، تقلب الهمزة المفتوحة في خطيئة إلى ياء مفتوحة (بحركة الهمزة) ثم تدغم الياء الساكنة التي قبلها فيها فتكون: خطيَّة. بياء مشددة.

وتقلب الهمزة في «مقروءَة» إلى واو متحركة بالفتح ثم تدغم الواو الساكنة قبلها فيها «مقروّة»[٣٥]. ومثال ذلك كلمة «نبيء» تخفف الهمزة ياءً ثم تدغم فيها الياء الساكنة قبلها فهي بعد التخفيف «نبيّ» على لغة أهل الحجاز.

وإذا أردت تحقيق همزتين متتاليتين متحركتين فأدخل بينهما ألفاً زائدة للفصل بينهما، كالألف الداخلة بين نون النسوة، ونون التوكيد الثقيلة إذا قلت: اضربْنانِّ زيداً، ومثل اكتبْنان.

ومثال ذلك الألف الزائدة أو ألف الفصل التي تدخل بين ألف الاستفهام وبين الهمزة التي تقع في أول الكلمـة، فكرهـوا التقـاء الهمزتين ففصلوا بينهما بالألف، فتقول: "أَءِذَا كُنَّا تُرَٰبًا » [الرعد:٥،النمل:٦٧] والأصل: (أإذا)، فإدغمت ألف الفصل الساكنة في الهمزة المتحركة قبلها، ثم كتبت همزة إذا على نبرة؛ لأنها مكسورة واتصلت بهمزة المد قبلها فصارت كلمة واحدة، فكتبت على نبرة، ومثل: "ءَأَنتَ قُلْتَ لِلنَّاسِ » [المائدة:١١٦][٣٦]

٣٤ () التتمة في التصريف: ص١٢٠. (٢) المقتضب: ٢٩٧/١
٣٥
٣٦ () المقتضب: جـ٢٩٩/١، القراءتان السبعيتان، وهي في الرسم المصحفي: (ءَأنت قلت) دون ألف بين الهمزتين، وكذلك: (أَءِذا كنا تراباً).

والأصل: (أاأنت).

قد يكون تخفيف الهمزة بالحذف، وذلك في الهمزة المتحركة إذا كان قبلها حرف ساكن، فإن أردت تخفيفها، فإن ذلك يلزم فيه أن تحذفها، وتجعل حركتها على الساكن الذي قبلها، فيصير الساكن متحركاً بحركة الهمزة، ومثال ذلك الأمر من سأل: سَلْ، والأصل: اسْأَل بزيادة همزة وصل في أوله حتى لا يُبتدأ بساكن، فخفف الهمزة التي تقع في وسط الفعل، وانتقلت حركتها إلى الساكن قبلها (حرف السين) وأُسقطت الهمزة من النطق، فتحركت السين بحركتها، فسقطت همزة الوصل في أول الكلمة لانتفاء علة وجودها بتحريك السين الساكنة.

وجاءت الهمزة مخففة في قوله تعالى: "سَلْ بَنِيٓ إِسۡرَٰٓءِيلَ »[البقرة:٢١١] أي اسأل.

ومثال ذلك تخفيف الهمزة بالحذف انتقال حركتها إلى الساكن قبلها في «مَرَة» في بعض اللهجات العربية وفي ألسنة بعض العوام، والأصل: مَرْأة من امرأة.

وتخفف أيضاً بالحذف في آخر الكلمة مثل: جا، ما: جاء، ماء، ومثل كلمة الخبء: الخبَ في قوله تعالى: ﴿أَلَّا يَسۡجُدُواْ لِلَّهِ ٱلَّذِي يُخۡرِجُ ٱلۡخَبۡءَ فِي ٱلسَّمَٰوَٰتِ﴾ [النمل:٢٥] وهذه من القراءات الشواذ[٣٧].

وقد تخفف الهمزة بين بين أي لا تحذف حذفاً تاما في مثل: منَ أبوك، تحركت نون من الساكنة بحركة همزة «أبوك» المفتوحة بعد تخفيفها بين بين، مثل: منِ إخوانك، بكسر نون من الساكنة بعد تخفيف الهمزة التي أشبهت همزة الوصل في النطق.

والعوام يميلون إلى تخفيف الهمزة بالحذف في كل المواطن فيقولون: جَمحمد (وصلاً في النطق)، ويحذفون الهمزتين في مثل: جَحْمد، في جاء أحمد.

وتخفف همزة الوصل المكسورة بالحذف إذا دخلت عليها همزة الاستفهام المفتوحة، لانتفاء علة وجودها، وإنما جيء بها لسكون ما بعدها، فإن وجد قبلها كلام وصل به إلى الحرف الساكن سقطت الألف، مثل: أَبن زيد أنت؟ حذفت همزة «ابن»، ومثل ذلك في

٣٧ () المقتضب: ٢٩٦/١ - وشواذ ابن خالويه: ص١٠٩

قوله تعالى: ﴿ أَتَّخَذْنَٰهُمْ سِخْرِيًّا أَمْ زَاغَتْ عَنْهُمُ ٱلْأَبْصَٰرُ ﴾ [ص:٦٣][٣٨].

قواعد كتابة الهمزة:

أولاً- الهمزة في أول الكلمة: وتعرف بهمزة القطع: وتكتب في أول الكلمة على ألف إذا كانت مفتوحة أو مضمومة مطلقاً مثل: أحمد، أُرجوان (لون أحمر)، أُخت، أخ.

وتكتب تحت الألف إذا كانت مكسورة مطلقا مثل: إقام، إملاء، إحسان، فالهمزة أول الكلمة تكتب على ألف أو تحت ألف مطلقاً، ولم يخرج عن هذا إلا الرسم المصحفي الذي اختص بكتابة الهمزة في أول الكلمة وحيدة أو مستقلة دون ألف في مثل «ءامـن»: ﴿ وَإِذَا لَقُوا۟ ٱلَّذِينَ ءَامَنُوا۟ قَالُوٓا۟ ءَامَنَّا ﴾ [البقرة:١٤].

وهذا وغيره مما ينفرد به الرسم المصحفي ويختص به، ولا يجوز تبديله؛ لأنه سنة متبعة عن الصحابة - رضوان الله عليهم - كما أن المصحف يعد أول نص كتاب كامل كتب بالأبجدية العربية في طَور تطورها وانتشارها بين الأمم.

والأصل في همزة القطع أن تكتب في الخط محققة « كرأس العين «ء»، ولكن لصعوبة وصلها بما جاورها: تكتب في بعض المواضع على حروف أخرى تحملها، وتعبر عن حركتها وتعبر عن حركة ما قبلها من الحروف وتتأثر بها إذا كانت ساكنة في وسط الكلمة، ولها أشكال تكتب بها:

فالهمزة تكتب مستقلة في موضع لا تتصل فيه بغيرها هكذا «ء»، في مثل: عبْء، دفْء، بطيء، شيء، هدوء، سماء، وسبب ذلك أنها جاءت متطرفة في نهاية الكلمة وما قبلها ساكن.

وتكتب على واو إذا ضمت أو ضم ما قبلها وهي ساكنة أو مفتوحة.

وتكتب على ألف إذا كانت مفتوحة، أو إذا فتح ما قبلها وهي ساكنة.

وتكتب على ياء (أو نبرة) إذا كسر ما قبلها.

---

٣٨ () جاء في تحقيق المقتضب: جـ١/٣٠٠ : آبن زيد أنت؟ (آتخذناهم سخرياً) بهمزة ممدودة، والصحيح: أبن، أتخذناهم. ويقع المد في همزة الوصل المفتوحة فقط في (ال) وايمن وايم.

وكان من الممكن أن يختار علماء العربية للهمزة شكلاً واحداً تكتب به في كل حركاتها وسكونها كما تكتب الأحرف الأخرى، ولكنهم تأثروا ببعض الأمم السامية التي كانت تكتب الحرف الواحد بطرق مختلفة تعبر عن حركاته ومكانه في الكلمة، فتعددت أشكال الحروف وكثر عددها فزاد تعلمها مشقة، ولا نشعر بهذه المشقة إلا في حرف واحد هو الهمزة، التي اختار العلماء لها رمزاً واحداً، «ء»، وأضافوا إليه رموز (ا، ى، و) لتعبر عن حركاته في الخط، ولهذا الصنيع ميزة أن الهمزة هي الحرف الوحيد الذي تستطيع قراءته قراءة صحيحة في الخط، وهي مجردة من علامات الشكل عندما تبصر شكله الكتابي.

فأنت تستطيع معرفة أن ياء المضارعة مضمومة والهمزة مفتوحة في الفعل «يؤدي» عندما تجد الهمزة مكتوبة على واو، وكذلك ضم الميم في «مُؤبد»، وفي غير هذه المواضع التي اصطلح على أشكالها في الكتابة وتعبيرها عن الحركات التي صحبها، لكن تجد صعوبة في تحديد النطق الصحيح أو المراد من كلمة مكتوبة مجردة من الشكل (الحركات أو الضبط) مثل: «جنة» فالجيم تحتمل الضم والكسر والفتح ولكل ضبط معنى غير معنى الآخر، فالهمزة بما نعانيه في بدء تعلمنا كتابتها — تعفينا من هذا الخطأ في ضبطها فرسمها في الخط مؤشر على طريقة قراءتها أو نطقها وتلك مدحة فيها، وليس في أبجديتنا حرف نظير لها في الرسم بيد أن الأبجديات الأخرى فيها عيوب كثيرة تتمثل في طريقة الكتابة والتعبير عن الصوت، وكثرة الحروف في الكلمة الواحدة.

وتأتي الهمزة في جميع مواضع الكلمة مثلها في هذا مثل جميع حروف العربية الصحيحة (غير حروف المد أو اللين: ا، و، ي)، فالهمزة المحققة حرف صحيح أتي في أول الكلمة، ووسطها، وآخرها، ولهذه المواضع التي تأتي فيها الهمزة أشكال مختلفة تتأثر بحركة الهمزة أو حركة الحرف الذي يسبقها في الخط، وتضبطها قواعد عرّفها العلماء حسب موقع الهمزة في الكلمة وطريقة كتابة الحرف الذي يسبقها والذي يليها مباشرة، ولكنها لا تتأثر إلا بحركة ما يسبقها فقط دون الذي يليها.

وهذه القواعد تضبط الهمزة في حالة تحققها فقط، أي نطقها على الوجة المألوف دون تخفيفها كما في (سأل: سال، بئر: بير، سُؤر: سور)، فللهمزة المخففة أحكام أخرى نتناولها

في موضعها بمشيئة اللـه تعالى.

ويدخل على الهمزة في أول الكلمة حروف لا تغيرها مثل:

ال التعريف، مثل الأَمن، الإسلام، الأُلْفة.

لام الجر في مثل: لأحمد، لإبراهيم، لإحسان.

وقد يحدث فيها تغيير دون حذف في مثل لِئلا (ل أن لا). فهمزة "أن" كتبت على ياء، لأن لام الجر مكسورة، وقد اتصلت الحروف الثلاثة (ل أن لا) في كلمة واحدة فعوملت همزة "أن"معاملة الهمزة المتوسطة في مثل: بئر وذئب، و"لئلا" بمنزلة كلمة واحدة مدغمة في الخط، ومثال ذلك قوله تعالى: ﴿ لِئَلَّا يَكُونَ لِلنَّاسِ عَلَيْكُمْ حُجَّةٌ ﴾ [البقرة:١٥٠].

١- لام التعليل، ولام الجحود، في مثل: لأنجح، لأقاوم.

٢- لام الابتداء التي تدخل على المبتدأ في مثل: لأَبوك خيرٌ من أبيه، لأولى الناس أنت بالفوز.

أو لام الابتداء التي تدخل على الخبر: إن فعلك لإحسان إليه ﴿أَءِنَّكَ لَأَنتَ يُوسُفُ ﴾ [يوسف:٩٠].

٣- لام القسم التي تدخل على الفعل: و اللـه لأفعلن الخير، ولأتوبن.

٤- باء الجر في مثل: ﴿ ٱلطَّلَٰقُ مَرَّتَانِۖ فَإِمۡسَاكُۢ بِمَعۡرُوفٍ أَوۡ تَسۡرِيحُۢ بِإِحۡسَٰنٖۗ ﴾ [البقرة:٢٢٩].

٥- فاء العطف في مثل فإمساك، في الآية السابقة وفي مثل جاء: محمد، فأحمد، فأسامة.

٦- السين التي تدل على المستقبل في صيغ المضارع في مثل: سأرسل إليه خطاباً، سأكون قريباً منك دخلت السين على همزة المضارعة، تدغم همزة المضارعة في همزة الفعل الثلاثي في مثل (أخذ، أتى، أبى) فنقول: سآخذ علياً معي (سين وهمزة المضارع " أ " وأخذ). أدغمت الهمزة الثانية (همزة الفعل أخذ) في همزة المضارعة لسكون الثانية وتحرك الأولى.

٧- كاف الجر في مثل: أنت كأخي.

٨- همزة الاستفهام المفتوحة في مثل: أأنت علي؟ أأحضر غداً.

ويختلف رسمها إذا دخلت عليها همزة الاستفهام المفتوحة، وهي مكسورة في مثل: (إن) تكتب على (ياء) في مثل: ﴿ أَءِذَا مِتْنَا وَكُنَّا تُرَابًا وَعِظَٰمًا أَءِنَّا لَمَبْعُوثُونَ ﴾ [الصافات:١٦]، ﴿أَئِفْكًا ءَالِهَةً دُونَ ٱللَّهِ تُرِيدُونَ﴾ [الصافات:٨٦]، (أئله مع الله). وكتبت في بعض المواضع في الرسم المصحفي على السطر وهذا من خصوصيات الرسم المصحفي ولا يجوز تغييره، وقد كتبت الهمزة على ياء؛ لأنها في الأصل مكسورة (إله، إفك، إن، إذا) وطبقت عليها قواعد الهمزة المتوسطة بعد دخول همزة الاستفهام عليها (كما حدث في لئلا) ونظير كسر الهمزة ضمها في مثل: (أُلقي، أُكرم، أخذ) مبنيات للمجهول بضم الهمزة، وترسم الهمزة في هذه الأفعال على واو إذا دخلت عليها همزة الاستفهام نحن: أؤلقي، أَؤُكرم.

وكتبت في الرسم المصحفي على السطر مضمومة في قوله تعالى: ﴿ أَءُلْقِىَ ٱلذِّكْرُ عَلَيْهِ مِنۢ بَيْنِنَا ﴾ [القمر:٢٥] وهذا خاص بالرسم المصحفي وما عليه الخط الآن أن تكتب على واو «أؤلقي»[٣٩].

ثانياً– الهمزة في وسط الكلمة

يتأثر رسم الهمزة وضبطها في وسط الكلمة بما يأتي:

١- ضبط الهمزة أو حركتها.

٢- ضبط الحرف الذي يسبقها.

٣- نوع الحرف الذي يسبقها والذي يليها من ناحية الصحة والعلة.

٤- شكل ما يجاورها في الرسم وينحصر رسم الهمزة المتوسطة في الصور الآتية.

الهمزة المتوسطة الساكنة:

تسبق هذه الهمزة بحرف متحرك دائماً، فلا يلتقي ساكنان، وقاعدة رسمها أن تكتب

٣٩ () تحذف همزة الوصل المكسورة إذا دخلت عليها همزة الاستفهام في مثل: أسمه علي؟ أبن علي هذا؟ وتمد همزة الوصل المفتوحة في «ال» مدغمة في همزة الاستفهام في مثل: (آلله أمركم بهذا)؟ آلبيت بعيد ؟

على حرف يناسب نوع حركة الحرف الذي يسبقها:

١- إذا كان ما قبلها مفتوحاً تكتب على ألف، في الأفعال، مثل الياء المفتوحة في: يأخذ، يأكل، يأمر. فالحرف الذي يلي ياء المضارعة (الهمزة) ساكن؛ وكذلك الهمزة بعد الفاء المفتوحة نحو: فأْتنا: ﴿فَأْتِنَا بِمَا تَعِدُنَآ إِن كُنتَ مِنَ ٱلصَّٰدِقِينَ﴾ [الأعراف:٧٠] .

والهمزة التي تلي واو العطف في مثل وَأْمر، وأذن، والهمزة المحققة في ﴿وَمِنْهُم مَّن يَقُولُ ٱئْذَن لِّي وَلَا تَفْتِنِّي﴾ [التوبة:٤٩] تكتب على ياء لكسر ما قبلها، ولكن في حالة فتح ما قبلها تكتب على ألف في مثل: ﴿فَأْذَن لِّمَن شِئْتَ مِنْهُمْ﴾ [النور:٦٢]، ﴿فَأْذَنُوا۟ بِحَرْبٍ مِّنَ ٱللَّهِ﴾ [البقرة:٢٧٩] وقد تخفف الهمزة ياء في مثل ائذن: ايذن ، والهمزة في الأسماء مثل: رأس، فأس، فأر، مألوف، مأمون، مأكل. تخفف ألفاً؛ لأنها مفتوحة.

٢- إذا كان ما قبلها مضموماً، وهي ساكنة تكتب على واو في الأسماء مثل: لؤم، شُؤم، سُؤر، مُؤلم، رُؤيا. وتكتب على واو في الأفعال المبنية للمجهول من الثلاثي مثل: أتى، أخذ: يُؤتى، يُؤخذ.

وتحذف في المضارع من الفعل الرباعي وزن أفعل نحو: أخرج، أحسن، أعطى، مثل: يخرج، يحسن، يعطي، والأصل: يؤخرج، يؤحسن، يؤعطي خففت الهمزة واواً ليخرج، يوحسن، يوعطي، ثم حذف الواو لسكونها بعد ياء مضمومة: يحسن، يعطى.

٣- إذا كان ما قبلها مكسوراً تكتب على ياء في الأسماء مثل: بِئر، ذِئب، اطمئنان، استئناف، وفي الفعل الذي وقعت الهمزة في آخره واتصل به ضمير، مثل تاء الفاعل في نحو: جئتُ أو جئتك وفي صيغة افتعل، مثل: ائتلف، ائتزر (لبس الإزار)، ائتم تكتب الهمزة على ياء.

وقد كتبت الهمزة على ياء في ائتلف، لأن همزة الوصل مكسورة، وكذلك في جئت، ولكن إذا فتحت ما قبلها كتب على ألف في مثل: فَأْتمنه، وأْتمنه، فهي ساكنة بعد فتح، ولم تلتبس بغيرها، عندما اتصلت بها الفاء أو الواو، وهي مبدوءة بهمزة وصل من ائتمن وفي مثل: الفعل " أمَّ " تكتب على ياء في بناء افتعل حتى لا تلتبس بصيغة أفعل من أتم، فنقول في الأول: فائتم به في الصلاة، وفي الثاني: فَأتم به العدد (من الإتمام)، ومثلها صيغة افتعل

من ألف، نقول: فائتلف، حتى لا تلتبس بصيغة الفعل فأتلف على وزن أفعل من الإتلاف من تلف والأول من وزن افتعل، والثانية من وزن "أفعل"، وتكتب الهمزة على واو في افتعل (الهمزة التي تقع في فاء الفعل) في حالة بناء الفعل للمجهول أو عند اتصاله بواو العطف أو فاء العطف؛ لأن ما قبلها مضموم، مثل فاؤتمن، واؤتمن.

كتابة الهمزة ممدودة على ألف:

تكتب الهمزة ممدودة، ويرمز لمدتها بالرمز «آ» في المواضع الآتية:

- أن تسبق الهمزة همزة مثلها فتتوالى همزتان، والأولى منهما متحركة والثانية ساكنة، فتخفف الثانية ألفاً، ثم تدغم الألف في الهمزة، وذلك يقع في وزن أفعل مما كانت فاؤه همزة نحو: آمن، آخذ، آكل، آنس، والأصل: أأْمن، أأْخذَ، أأْنس، وهذه الأفعال وزن أحسن، ويقع ذلك أيضاً في صيغة التفضيل « أفعل» مما كانت فاؤه همزة.

- أن تلي الهمزة ألفاً، ويقع ذلك في بناء فاعل مما كانت فاؤه همزة نحو: آكل محمد علياً، أي شاركه الطعام.. وآكل وزن فاعل: فالأصل: أاكل. ومثله آنس: والأصل: أانس في: آنس محمد علياً.

ومثلها الفاعل مما كانت فاؤه همزة نحو: آمِر، والأصل: أامِر زنة فاعِل، وآسف (أاسِف)، وآكِل (أاكل).

ويقع ذلك في مثل المصدر الميمي واسم الزمان والمكان مما كانت فاؤه همزة نحو: مآل (مأال)، مآب (مأاب).

واسم الآلة مما كانت عينة همزة نحو: مِرْآب (مِرْأاب زنة مِفْعال)، ومرآة (مرأاة).

والمبالغة فعلان نحو: قرآن (قرأان)، ملآن (ملأان)، دفآن (دفأان)، سآَل (سأال (كثير السؤال)، ومثله اللآل (بائع اللآلئ)، والأصل: اللأال، وزن تفعال: تسآل (تسأال).

والجمع على وزن مفاعل نحو: مآكِل، مآرِب، مآخِذ، ووزن مفاعلات نحو، مكافآت ومفعالات: منشآت، وألف التثنية نحو: ونبآن (نبأان) وخطآن (خطأان).

والهمزة المفتوحة التي يليها حرف علة لها أحكام في الخط، وهي:

* إذا كان ما بعدها ألف مد غير متطرفة تدغم ألف المد في الهمزة في مثل: القرْآن الكريم، ظمآن، ملآن، مرْآة.

* إذا كانت الألف متطرفة بعد الهمزة لا تدغم فيها وتكون في الخط ياء في مثل: منْأَى، مرأى (من رأى)، ينْأى.

* إذا جاءت الهمزة في موضع لا تتصل فيه بما قبلها، وما بعدها ألف التثنية، تكتب الهمزة مستقلة (دون حامل لها) على السطر وسط الكلمة في مثل: جزْءان، بدءان، ولكن تكتب على ياء (نبرة) إذا كان ما قبلها ساكناً، واتصلت بالحرف الذي قبلها في مثل: كفْئان، عِبْئان، نَشْئان (من نشء).

كتابة الهمزة المتوسِطة على السطر بغير حامل مفردة: الهمزة المفردة « ء « (رأس العين) تكتب على السطر في المواضع الآتية:

* أن تسبق بألف مد، وهي مفتوحة نحو: عباءة، إساءَة، رداءة، قراءة،جراءة، وتكتب كذلك في المثنى: جزاءان، وكساءان،ورداءَين (منصوبة).

والأفعال زنة فاعل نحو: راءَى، فائل، ضائل، وزنة تفاعل نحو: تساءل، تفاءَل، تشاءَم، وما أسند إلى ألف الاثنين من الماضي: جاءا، شاءا.

* أن تسبق بواو ساكنة نحو: توْءَم، مروْءة، مملوْءَة، مَوْبوءة، نبوءة، السَّمْوءَل (شاعر جاهلي)، وأن تسبق بواو مضعفة (مشددة)، ومضمومة نحو: تبوُّءُك.

* أن تقع الهمزة في آخر الكلمة، وقبلها حرف لا تتصل به في موضع النصب نحو:جزءاً، بدءاً، درءاً.

* أن تسبق بألف وتليها ألف التثنية يقال: جزاءان، بدءان.

* أن تسبق بحرف صحيح مفتوح لا تتصل به، وتليها واو الجماعة نحو: يدرَءون، يهزَءُون، يقرءون.

* أن تسبق بحرف مفتوح مضعّف نحو: تبوَّءوا، تسوَّءُوا.

* أن تسبق بحرف صحيح ساكن لا توصل به، وهي مضمومة وتليها واو نحو: مرْءُوس، مزءُوم.

* أن تسبق بألف مد لا توصل بها وتليها واو نحو: باءوا، يراءون، يشاءون.

* أن تسبق بواو ساكنة، وهي مفتوحة أو مضمومة نحو: تَوْءَم، المروءَة، مخبوءَة. والمضموم نحو: وضوءُك، ضوءُه ساطع. ويسوءُك جهلك.

كتابة الهمزة المتوسطة على الألف:

إذا كان ما قبلها مفتوحاً تكتب على ألف، مثل: متأخر، متأمل، متألق، سأل، فأل، دأب، زأر، وأد، أتأد، وتكتب أيضاً على ألف إذا تبعها ضمير ألف الاثنين في الأفعال مثل: قرأا، نشأا، لجأا، يقرأان، ينشأان، وكذلك في صيغة الأمر: اقرأا، الجأا، ادرأا.

وتكتب أيضاً على ألف جاء بعدها ألفاً (في الخط ياءً) في الأفعال مثل: رَأَى، نَأَى، منَتأى.

وتكتب كذلك في الأسماء إذا كان ما بعدها ألفاً، فيدغم في الهمزة نحو: مآكل، سَآمة، مكافآت، شنآن، منشآت، مآب، ضآلة.

وكذلك إذا كان ما بعدها ألف التثنية مثل: مخبآن، ملجآن.

ولكن لا يدغم ضمير ألف الاثنين (في الأفعال) في الهمزة في مثل: يبدأان، ينشأان، أن الألف ضمير وليست اسماً، ولكن الألف في مبدآن، منشآن علامة إعراب، فهي حرف فأدغمت في الحرف الذي يسبقها (الهمزة)، ولكن ألف الاثنين في يبدأان ضمير، فبقيت في الخط والنطق دون إدغام، فهي بمنزلة الاسم.

وتكتب الهمزة متوسطة على ألف في المواضع الآتية:

* أن تسبق بفتحة وهي مضعفة مفتوحة نحو: تذأّب،ترأّس.

* أن تسبق بحرف صحيح ساكن وهي متحركة نحو: جُرْأة، منْأى، مرْأي، فجْأة، مسْألة، مرْأة، نشأة، ينْأى، يرأس، يثأر، يزْأر.

* أن تسبق بفتحة، وهي ساكنة، نحو: مَأْتم، رَأْفة، رَأْس، بَأْس، كَأْس، رَأْى، يأْثم، يأْكل.

كتابة الهمزة متوسطة على الواو:

تكتب الهمزة متوسطة على الواو في المواضع الآتية:

* أن تسبق بضمة وتضم نحو: تجرُؤك، تبرُؤنا، تلكُؤك.

* أن تسبق بحرف مفتوح، وهي مضمومة نحو: "أَؤُنبئكم" ، "أَؤُلقي"، يؤم، يَقرؤه.

* أن تسبق بسكون، وهي مضمومة نحو: أرْؤُس، أبْؤُس، يرْؤُف.

* أن تسبق بألف، وهي مضمومة نحو: تفاؤل، تشاؤم، تثاؤب، سماؤنا، ماؤنا.

* أن تسبق بضم، وهي ساكنة نحو: رُؤْية، لُؤْلؤ، مُؤْمِن، مُؤْنس، مُؤْتمر، يُؤْذي، يُؤْثر.

* والأمر من مهموز الفاء مما ضمت عينه، نحو، اُؤْمر زنة "اُفْعل" والأصل أمر، فزيدت قبلها همزة الوصل، وإن سبقت بواو كتبت على ألف نحو: وأْمر، لأن همزة الوصل سقطت بعد أن غابت عنها الواو المتحركة.

* أن تسبق بضمة، وهي مفتوحة مثل: مؤرِّخ، رُؤَى، رؤساء، ومثل: يؤدب، يؤمن، يؤدي. قال تعالى: ﴿إِنَّ ٱللَّهَ يَأْمُرُكُمْ أَن تُؤَدُّوا۟ ٱلْأَمَـٰنَـٰتِ إِلَىٰٓ أَهْلِهَا﴾ [النساء:٥٨] ، ﴿فَلْيُؤَدِّ ٱلَّذِى ٱؤْتُمِنَ أَمَـٰنَتَهُۥ﴾ [البقرة:٢٨٣].

وتكتب أيضاً على واو إن كان ما بعدها ألفاً مثل: مؤاخاة، مؤامرة، مؤازرة، زؤام، يؤاخذ، يؤاكل، يؤاخي.

كتابة الهمزة على الياء وسط الكلمة[٤٠]:

الهمزة لا تكتب على ياء في أول الكلمة مطلقاً، وتكتب على الياء في المواضع الآتية:

١- أن تسبق الهمزة بكسرة وأن تكون مكسورة نحو: لاجِئِين، منبِئِين، مِئِين (جمع مائة

---

٤٠ () رمز الياء المجرد من النقطتين وهو السِّنة التي توضع عليها الهمزة من زيادة المتأخرين من علماء الخط، لتحسين الخط بدلاً من وضعها على المتسع، من الحرف السابق عليها على نحو ما نجد في رسم المصحف الشريف، في نحو: ﴿وَلَا يَـُٔودُهُۥ حِفْظُهُمَا﴾ [البقرة:٢٥٥] ، يسئك، بإطالة الخط دون رمز الياء، وتسمى عند بعض أهل الخط بالنبرة. والمشهور أنها تكتب فوق ياء، فهو رمز الياء مجرداً من النقط نحو: بئر.

منصوبة ومجرورة)، فِئِين (جمع فِئة).

٢- أن تسبق بضمة وهي مكسورة، نحو: سُئلن، رُئِي، رُئسَ، ويقاس على هذا نظائره فيما كانت عينه همزة، وبنى للمجهول.

٣- أن تسبق بفتحة، وهي مكسورة نحو: مُطمَئِن، لئيم، يَئِن، اتَّئِد. ويدخل في ذلك المركب نحو: يومئِذ، حينَئِذ، أئِن، أئِذا، أئفكاً.

٤- أن تسبق بسكون وهي مكسورة، والساكن قد يكون حرفاً صحيحاً ساكناً، وقد يكون حرف علة ساكن نحو الألف في نحو: دائم، قائم، بصائر، جائزة، والواو في مثل: وضوئهم، وهدوئِهم، والياء في مثل: تنبيئِهم، وتنشيئِهم.

٥- أن تسبق الهمزة بكسرة وهي مفتوحة نحو: رِئَة، فِئَة، ناشئة، وِئام، والسيئة. وكذلك يقال مِائة[٤١] ، مائتان، مِئَات (الألف فيهن زائدة في الخط)، والمركب نحو: لِئَلا.

٦- أن تسبق بكسرة، وهي مضمومة نحو: مخطئون، مستهزئون، فيئون، مِئُون، سنقرِئُك، وننشِئُك.

٧- أن تسبق بضمة وتضم وتليها واو نحو: شُئُون، فُئُوس، كُئُوس. وقد كتب الهمزة في هذا الموضع على ياء، لمجيء الواو بعدها، فحقها أن تكتب على واو، ولكنها خالفت ذلك تجنباً لتكرار النظير (الواوين).

٨- أن تسبق بفتحة وهي مضمومة نحو: ينشَئُون، يعبَئُون، يملَئُون، يَئُول ، ومثل: قَئُول، صئول.

٩- أن تسبق بسكون وهي مضمومة نحو: مسْئُول، مشْئُوم.

وتكتب الهمزة المفردة (وهي التي تكتب على السطر مستقلة دون حامل لها) على ياء إن كان الاسم نكرة ومنصوبا منوناً، وذلك فيما يمكن وصله من الحروف نحو: رأيت شيئاً، وأحسست دفئاً، وجاء بطيئاً، ورديئاً، وعبئاً.

---

٤١ () الألف في مائة زائدة ولا تنطق مثل ألف واو الجماعة، وألف شيء في قوله تعالى: ﴿ وَلَا تَقُولَنَّ لِشَاْىْءٍ إِنِّي فَاعِلٌ ذَٰلِكَ غَدًا ﴾ [الكهف:٢٣].

وهمزتها تكتب على السطر: في المواضع التي تسبق فيها بياء ساكنة نحو: شَيْء، فَيْء ، بطيء ورديء، ونسيء، وإن سبقت بصحيح ساكن وهي متطرفة نحو: دفء، عبء، بُطء، وذلك في الرفع والجر، وتكتب على ياء في النصب: شيئاً، دفئاً، وتكتب مفردة فيما لا يوصل من الحروف نحو: بدأت بدْءاً.

وتكتب على ياء قبل ألف التثنية ، يقال: دفئان، شيئان. وأصل الهمزة أن تكتب على ألف لانفتاحها، ولكنها كتبت على ياء؛ لئلا تلتبس بالألف التي تمد في وسط الكلمة "آ".

ويرجع سبب كتابة الهمزة المكسورة على (ياء) مطلقاً في جميع الحالات دون أن تتأثر بحركة السابق أو الحرف اللاحق إلى أن الكسرة أقوى من حركتي الضم والفتح، فغلبتها في النطق والرسم، فالكسرة أقوى من السكون في مثل: أفْئدة، وقائم، وفي حالة جر مثل: سمائكَ وهوائك؛ لأن الهمزة مكسورة، وملحق بها حرف فكتبت على نبرة وكذلك الكسرة أقوى من الضم في مستهزئون، فهي في الإفراد على ياء (مستهزئ). وقد جاءت في الرسم المصحفي مستهزءون: ﴿نَحْنُ مُسْتَهْزِءُونَ﴾ [البقرة:١٤]. وكذلك في الكسر: ﴿إِنَّا كَفَيْنَاكَ الْمُسْتَهْزِءِينَ﴾ [الحجر:٩٥] ، وما عليه الخط الحديث أن تكتب على الياء.[٤٢]

وتعد الكسرة أقوى الحركات، ولهذا تغلب الفتحة والضمة في الرسم، فالهمزة قد تتنازعها حركتان الضمة والكسرة أو الفتحة والكسرة، أو الفتحة والضمة، فالكسرة تغلب دائماً؛ لأنها أقوى في النطق، وتليها من ناحية القوة الضمة، ثم الفتحة، فالهمزة قد تكون مسبوقة بحرف مفتوح أو مضموم وهي مكسورة، فتكتب مطلقا على نبرة، وأمثلة هذا: مطمَئِن، يئِن: ما قبل الهمزة مفتوح، ولكنها كتبت على ياء؛ لأن حركتها الكسرة.

وتغلب الضمة الفتحة في مثل: يؤدب، يؤم، فالفتحة أخف الحركات، وأضعفها، ولهذا فالهمزة المتوسطة لا تكتب على ألف إلا إذا كان الحرف الذي قبلها ساكناً أو مفتوحاً، وهي مفتوحة أو ساكنة في مثل: يسْأل، رَأفة، وما دون ذلك تكتب على واو أو نبرة حسب الأحكام التي سبق ذكرها.

---

٤٢ () هذا خاص برسم المصحف، ولا يجوز تعديله، والضمة أقوى من الفتحة.

ثالثاً- الهمزة المتطرفة:

تكتب الهمزة المتطرفة في الخط حسب نوع حركة السابق عليه، ومتأثرة بسكونه أو حركته.

١- إذا كان ما قبلها مفتوحاً وهي مفتوحة كتبت على ألف في الرسم مثل: قَرَأ، نشأ، بَدَأ، نبأ، خطأ، مبتدأ، ملْجَأ، مبدأ، وتكتب كذلك في حالة الضم مثل: يبدأُ، يقرأُ، مبدأُ، خطأُ. وتكتب كذلك في حالة الكسر: في خطأٍ، من نبأٍ، مرفأٍ.وقد كان يكتبها بعض القدماء تحت الألف في حالة الجر مثل: بمرفإٍ، بنبإٍ ولكن المتفق عليه حديثاً أن تكتب على ألف مطلقاً.

٢- إذا كان ما قبلها مضموماً كتبت على واو في حالة الفتح مثل: دَفُؤَ،وَضُؤَ، هَيُؤ، بَطُؤَ، وتكتب كذلك إذا لم يتصل الحرف الذي يسبقها بها مثل: جَرُؤَ. وتكتب على واو في حالة النصب مثل: لن يجرؤَ، لن يبطؤَ، وفي الأسماء تكتب كذلك وتكتب بعدها ألف منونة مثل: لؤلؤاً، تكافؤاً، تجرؤاً، لؤلؤاً. وتكتب على واو إذا كانت مضمومة أيضا مثل: التكافؤُ، التلألُؤُ، التهيّؤ، وتكتب كذلك على واو في حالة سكونها مثل:لم يجرؤْ.

٣- إذا كان ما قبلها مكسوراً رسمت على ياء في الحركات: الفتح مثل: ظمِئَ، بَرِئ، والنصب مثل: لن ينشىء، لن يمالِئَ، والنصب في الأسماء بزيادة ألف منونة مثل: قارئاً، شاطئاً، مخطئاً، مبتدئاً، مافتئ، لم يفئ.

الرفع مثل: يخطئُ، يمالئ. ومثل: مخطئ، شاطِئ، مكافِئ، منشئ، سيِّئ. والجر مثل: شاطئٍ، طافئٍ، مكافئٍ. والجزم مثل: لم يبدئْ، لم ينشئْ، لم يسئْ (حذفت الياء الأولى لالتقاء ساكنين)، ومثلها: لم يجئ.

واختلف العلماء في الهمزة التي وقعت موقع الهمزة المتطرفة وليست في الأصل متطرفة، وإنما تطرفت لعلة نحوية أو صرفية، العلة النحوية مثل حذف حرف العلة (الياء) من الفعل ينأى في حالة الجزم، وتصبح الهمزة في هذه الحالة متطرفة قبلها ساكن، فرأى فريق أن تبقى الهمزة على الأصل مرسومة على ألف: لم ينْأ، لأن الفعل الأصلي همزة متوسطة «نَأَى». ورأى آخرون أن تطبق على الهمزة قاعدة الهمزة المتطرفة التي سبقت

بساكن وتكتب على هذه القاعدة مستقلة على السطر: لم ينءَ، مثل: دفء، وعبء، وبطء.

وقد تطرف الهمزة في «لم ينء» تطرفاً عارضاً، وليس أصلاً في الكلمة، ومثل ذلك صيغة اسم الفاعل من الفعل: أَنْأَى (على وزن أفعل بمعنى أبعد) واسم الفاعل على وزن مفعل منه: مُنْئٍ على وزن منعٍ حذفت لامه (الياء) مثلما حذفت في قاضٍ، وماضٍ، ومفضٍ، وعَوض عنها بتنوين العوض، والياء التي فى «منئٍ «حاملة للهمزة المكسورة. وأنت بالخيار، إما أن تكتبها على ياء: المنئ أو تكتبها على السطر: المنء. والأمر من أنأى: أَنْئِ مثل أكرم: أَكْرِمْ، مجذوم بحذف حرف العلة الياء، وحركت الهمزة بالكسر للدلالة على المحذوف في أنئ.

والأولى أن تطبق عليها قاعدة الهمزة المتطرفة لجعل القاعدة مطردة في كل حالات هذا اللفظ في الرسم، فترسم الكلمات السابقة على النحو الآتي: لم ينءَ (في حالة الجزم)، مُنْءٍ (اسم الفاعل من أنأى على وزن مفعٍ)، إنءَ (الأمر للمخاطب)[٤٣].

وإذا كان ما قبلها ساكناً (سواء كان حرفاً صحيحاً أو حرف علة) تكتب الهمزة على السطر في حالتي الرفع والجر فقط دون النصب بعد الصحيح الساكن مثل: دفْء، بطْء، ردء، بدء، بُرْء، جزء، عبْء، كفء. وحرف اللين نحو: ضوء: سوء، شَيء، فَيْء وبعد المد مثل: سماء، قضاء، هواء، هدوء، لجوء، وضوء، بطيء، رديء، والمشدد مثل: التبوّء (لأن الواو الثانية ساكنة) ، وإذا كانت الهمزة المتطرفة منصوبة، فلها أحكام أخرى في الخط:

إذا كان الصحيح الساكن قبلها لا تتصل به كتبت مفردة دون حامل (ألف أو واو، أو ياء)، وظهرت علامة الإعراب على ألف منونة بالفتح ولا تتصل الهمزة مثل: بدْءاً، جزءاً ، قُرْءاً (حيض المرأة)، بُرْءاً.

إذا كان الصحيح الساكن قبلها يوصل بما بعده في الخط كتبت على (ياء)، وتتصل بها ألف منونة بالفتح مبدلة من تنوين المنصوب في حالة التنكير، مثل: عبئاً، دفئاً، كفئاً،ملئاً.

إذا كان الساكن قبلها ألفاً ممدودة، كتبت الهمزة مستقلة مفردة دون حامل، ويوضع

---

٤٣ () ارجع إلى أدب الكاتب - ص١٨٩.

التنوين عليها مباشرة، ولا يكتب بعدها ألف منونة تحمل علامة الإعراب، لعدم تكرار الألف مرتين خطاً مثل: سماءً، ضياءً، ولاءً، هباءً.

وإذا كان الساكن قبلها واواً رسمت الهمزة مفردة وبعدها ألف منونة تحمل حركة الإعراب، مثل: سوءاً، وضوءاً، ضوءاً، لجوءاً.

إذا كان الساكن قبلها ياء، رسمت الهمزة على نبرة (ياء) متصل بها ألف منونة مثل: شيئاً، مضيئاً، رديئاً، مسيئاً، نيئاً.

وتزاد ألف التنوين بعد الهمزة في الأسماء النكرة المنصرفة في حالة النصب وذلك في موضعين:

* أن تتصل الهمزة بما قبلها، يقال: دفئاً، عبئاً.

* أن تسبق الهمزة بحرف لا تتصل به، فتكتب على السطر يقال: جزءاً، بدءاً، درءاً.

وإن سبقت الهمزة بألف وضع التنوين على الهمزة نفسها، ولا تزاد الألف لئلا يتكرر مثلان، نحو: ﴿وَبَثَّ مِنْهُمَا رِجَالًا كَثِيرًا وَنِسَاءً﴾ [النساء:١].

* * *

زيادة رمز الألف بعد الواو (ألف الفصل)

هو رمز الألف الذي يوضع بعد واو الجماعة التي لا يليها نون «وا»، وهذا الرمز لا صوت له في القراءة، ولا يعتد به في بنية الكلمة، مثل: قالوا، ردوا، عادوا [٤٤].

وهذه الألف ليست حرفاً يرمز لصوت في العربية ولا يدخل في بنية كلماتها، بل هو علامة زائدة بعد واو الجماعة توضع في الخط؛ لئلا تلتبس واو الجماعة بواو العطف في الكلمات التي لا تتصل فيها واو الجماعة بالحرف الذي يسبقها مثل: د، ذ، ر، ز، ومثال ذلك قوله تعالى: ﴿وَلَوْ رُدُّوا۟ لَعَادُوا۟ لِمَا نُهُوا۟ عَنْهُ﴾ [الأنعام:٢٨]. وضعت ألف الفصل لترمز للواو لئلا تلتبس على القارئ بالفعل «رد» المسند إلى المفرد، فتعد الواو نسقاً (عطفاً)، فتزاد الألف بعد واو الجمع مخافة التباسها بواو النسق، ومثال ذلك أيضاً: ساروا، وجاءوا، وهما دون الألف في سارو، جاءو، يظن القارئ أن سار فعل، مسند إلى غائب مفرد « هو»، والواو عطف، وكذلك جاء والواو.

ويمكن إجمال الوظائف التي تؤديها ألف الفصل في الخط فيما يأتي:

تحديد نهاية الكلمة في الأفعال التي لا تتصل واوها بالحرف في مثل: ردوا، ساروا، عادوا.

- تحديد وظيفة الواو و دفع اللبس عنها؛ لئلا تختلط بواو العطف في مثل: ردوا وعادوا، وضعت الألف بعد الواو الأولى، فعرفت بواو الجماعة، ولم توضع بعد الثانية فعرفت بواو النسق، ووضعت بعد الثالثة فعرفت بواو الجماعة.

- تعرف بها واو الجماعة التي قد تلتبس بالواو التي تدخل في أصل بنية الكلمة مثل: يرجو، يدعو، يمحو، فالواو في هذه الأفعال أصلية في بنيتها، فيقال: « أنا أدعو إلى الخير، وأرجو أجره «. ولكن في مثل: «رأيت أن تدعو إلى الخير، وترجو أجره « هاتان الجملتان تفهمان على وجهين دون وجود ألف الفصل الواجبة، أولهما- أن المخاطب مفرد

---

٤٤ () ارجع إلى: أدب الكاتب لابن قتيبة ص ١٨٩، ١٩٠. وقد ذهب الخليل إلى أن الألف تزاد بعد الواو لتمكينها في النطق ومدها فلا تختلس، وقيل زيدت للفرق بين واو العطف وواو الجمع، فسميت ألف الفصل، ثم ألحقوا المتصل بالمنفصل، فجعلوها بعد كل واو نحو: دخلوا، دون واو العطف.

- مذكر، وأن الفعلين» تدعو»، «ترجو» منصوبان بالفتحة الظاهرة على الواو.

والوجه الثاني- أن الواو في الفعلين ضمير الجماعة المخاطب " أنتم "، وأن الفعلين منصوبان بحذف النون، ولكن رسم ألف الفصل أزال التباس الواو وحدد وظيفتها في التركيب، وهي ضمير فاعل.

وقد وضع فوق ألف الفصل في الرسم المصحفي صفراً مستديراً يدل على زيادته، فلا ينطق وصلاً أو وقفاً نحو: قالوا، يتلوا. [٤٥]

وأشهر ما توصل إليه العلماء في زيادة رمز الألف بعد الواو الآتي:

1- الدلالة على انفصال الكلمة عما بعدها، فيعلم بها نهاية الكلمة، فيمكن الوقف عليها، ولهذا تسمى ألف الفصل، فقد يقع الخلط بين الأحرف المنفصلة في مثل: كفروا، وردوا، وجاءوا، قالوا، وقد تلتبس بواو النسق أو العطف فزيدت بعدها، وهذا هو الأرجح.

2- الفرق بين ما بعده ضمير منفصل فتجعل فيه الألف، وذلك نحو قوله تعالى: ﴿وَإِذَا مَا غَضِبُواْ هُمۡ يَغۡفِرُونَ﴾ [الشورى:٣٧] وبين ما بعده ضمير متصل نحو: ﴿وَإِذَا كَالُوهُمۡ﴾ [المطفّفين:٣] فلا تجعل فيه الألف.

3- التفريق بين واو الجمع وغيرها، في نحو: نفر وخرج، فالواو هنا واو العطف.

ويزاد هذا الرمز "ا" عند المحدثين بعد الواو ضمير الجماعة فقط في الماضي، نحو: ذهبوا، جاءوا. وبعد واو الجماعة في الأفعال الخمسة التي سبقت بناصب أو جازم

---

٤٥ () كان بعض أصحاب الخطوط القديمة التي لا تتصل حروفها في الرسم يضعون علامات في الخط تفصل بين الكلمات ؛ لئلا تلتبس بما يجاورها، وكان الفاصل عبارة عن نقطتين رأسيتين أو أكثر (:) أو خطاً مائلاً حتى لا تلتبس بالخط القائم، وقيل إن ألف الفصل كان في أصل الوضع خطاً مائلاً ثم استقام رأسياً (/)، (ا). وذهب الكسائي إلى أنها تزاد للفرق بين الضمير المرفوع والضمير المنصوب قال تعالى: ﴿وَإِذَا كَالُوهُمۡ أَو وَّزَنُوهُمۡ﴾ [المطففين:٣] المعنى كالوا لهم ووزنوا لهم، فلم تذكر الألف هنا، وتذكر عند الضمير المرفوع نحو: كالوا، وزنوا، قاموا، ثبتت الألف؛ لأن المعنى كالوا هم ووزنوا هم، وقالوا هم، واستحسن السيوطي ذلك. الأشباه والنظائر جـ٢/١٦٣. والمرجح، ما ذهبنا إليه.

فحذفت منها النون، نحو: لم تقولوا، ولن تقولوا. والأمر نحو: امضوا، اذهبوا، وشبه ذلك، وزاد القدماء هذا الرمز بعد كل واو متطرفة أو في آخر الكلمة، وذلك فيه خلاف بينهم، وجاءت في رسم المصحف، لغير واو الجماعة في الأفعال، وقد ثبتت الألف وحذفت في بعض المواضع نحو قوله تعالى: **"فإن فاءوا»** [البقرة: ٢٢]. ﴿وَعَتَوْ عُتُوًّا كَبِيرًا﴾ [الفرقان:٢١] و﴿ وَٱلَّذِينَ سَعَوْ فِيٓ ءَايَٰتِنَا﴾ [سبأ:٥] ﴿وَٱلَّذِينَ تَبَوَّءُو ٱلدَّارَ﴾ [الحشر:٩] وهذا هو الأصل المجرد للأبجدية العربية التي ترمز إلى الحروف المنطوقة فقط دون رموز توضيحية على أحرف الكلمات.

وزاد رمز الألف في الواوات الآتية في القرآن الكريم :

* الواو الأصلية في مثل: يدعوا، يربوا، ترجوا، أشكوا، وهو مسند إلى المفرد.

* واو الجماعة في الأسماء نحو قوله تعالى: ﴿مُّلَٰقُواْ رَبِّهِمْ﴾ [البقرة:٤٦] ﴿مُرْسِلُواْ ٱلنَّاقَةِ﴾ [القمر:٢٧]. و﴿كَاشِفُواْ ٱلْعَذَابِ﴾ [الدخان:١٥]. ﴿صَالُواْ ٱلنَّارِ﴾ [ص:٥٩] ﴿بَنِيٓ إِسْرَٰٓءِيلَ﴾ [يونس:٩٠] و ﴿أُوْلُواْ ٱلْأَلْبَٰبِ﴾ [الرعد:١٩] ، وليست الواو ضميراً بل علامة إعراب (الرفع).

* الواو حاملة الهمزة وجاء فيها "امرؤا" ومن ذلك قوله تعالى: ﴿إِنِ ٱمْرُؤٌاْ هَلَكَ﴾ [النساء:١٧٦] ، والواو تمثل حركة الهمزة وليست من بنية الكلمة.

* الواو التي تنطق ألفاً نحو: الربو، وقد كتبت الألف واواً وفي الرسم على الأصل: ربا يربو. ومثل ذلك: الصلوة، الزكوة، الحيوة، الغدوة، مشكوة، النجوة، منوة. وتنطق: الصلاة، الزكاة، الحياة، الغداة، مشكاة، النجاة، مناة.

* الواو التي جاءت لبيان الحركة في آخر المرفوع: يعبؤا، تفتؤا، تظمؤا، يبدؤا، نبؤا، الضعفاؤا، العلماؤ، والأصل: يعبأ، تفتأ، تظمأ، يبدأ، نبأ، الضعفاء، العلماء.

وقد كتبت الهمزة على واو لبيان حركة الضم في آخر الكلمة، وزيد رمز الألف بعد الواو، وذلك لتقوية الهمزة، لخفائها أو ضعفها وتعرضها للحذف أو التخفيف، وقيل إن الهمزة المضمومة، والتي كتبت على واو تشبه الواو، فألحقت الألف بها[٤٦]، فالواو زيدت

---

٤٦ () ارجع إلى: رسم المصحف، دراسة لغوية تاريخية، غانم قدورى الحمد. ط (١٤٠٢ هـ ١٩٨٢ م) جامعة بغداد ص ٣٣٨، ٣٣٩.

في هذه المواضع حملاً على واو الجمع، وقد زيدت للفصل وهذا خاص بالرسم المصحفي ولا يقاس عليه، وما عليه علماؤنا الآن أن تزاد ألف الفصل بعد ضمير واو الجماعة فقط.

الألف الفارقة

هي الألف التي تأتي فارقة بين حرفين متشابهين في النطق لتسهيل نطقهما، ولتمييزهما حتى لا يلتبسان على القارئ والسامع، فتزاد الألف بينهما، وهذه الألف مزيدة في الكلمة وتنطق (بخلاف ألف الفصل)، مثال: «أنتن اكتبنانّ »، فعل أمر مبني على السكون لاتصاله بنون النسوة، والألف زائدة فارقة، والنون الأخيرة نون التوكيد الثقيلة. ومثلها كل ألف في «افعلنان»، وتسمى أيضاً ألف الفاصلة بين نون الإناث وبين النون الثقيلة.

الألف اللينة

هي ألف المد الساكنة التي فتح ما قبلها، وتقع في آخر الكلمة مثل: دعا، عصا، سعى، وتقع في الحروف مثل: إلى، حتى، إذا، وتدخل ضمن حروف اللين (ا، و، ى)، و تسبق بالفتحة التي تجانسها نطقاً لإشباع حركة المد بالفتح فيها، وإشباع المد سكون، ولهذا هي ساكنة.

والألف التي تقع في آخر الكلمة ترسم في الخط بالألف والياء أيضاً، ولكنها تنطق ألفاً مثل: عصا، دعا، رحا، قفا، شذا، ومثل: سعى، هدى، قضى وتكتب الألف اللينة ياء إذا كانت الكلمة ثلاثية وأصل الألف ياء، فإن كان أصلها واو كتبت ألفاً في الخط ولكنها تكتب في وسط الكلمة بالألف مطلقاً، وتسمى الألف المتوسطة.

الألف المتوسطة

هي نفسها الألف وتكون في حشو الكلمة، وتسمى المتوسطة، وترسم في الخط ألفاً مطلقاً، وقد يكون توسطها أصلياً، وهو توسطها في بنية الكلمة أصلاً مثل: قال، سال، مقال، أو توسطاً عارضاً، وهي الألف التي كانت أصلاً متطرفة في آخر الكلمة ثم لحق بها حرف أو أكثر مثل (تاء التأنيث)، والضمائر عامة: هداي، ومناي، وعصاي، و (مولاهم الحق)، أو تتصل بها الحروف مثل نون الوقاية في يخشاني، يلقاني أو تتصل بها « ما « الاستفهامية (بإثبات الألف أو حذفه) مثل: حتامَ تظل غاضباً ؟ إلامَ تشير ؟ علامَ تكتب؟

كتابة الألف أخيرة:

كل فعل ثلاثي آخره ألف قلب الألف فيه ياء عند إسناده إلى المتكلم المفرد، في الماضي، أو عند إسناده إلى الغائب في المضارع، كتب في الخط بالياء، نحو: رمي، مشى، يقال: رميت، ومشيت، ويرمي، يمشي، وكل ألف ثالثة في ثلاثي أصلها واو أو ياء، وتكتب في الخط ياء ثالثة إن كان أصلها ياء، مثل: قضى، سعى، وإن كانت أصلها واواً كتب في الخط ألفاً نحو: دعا، نجا، عدا.

وإن كان الاسم ثلاثياً يثنى ويجمع بالياء كتب في الخط بالياء نحو: هدى، مدى، يقال: هديان، ومديان، والحروف كذلك نحو: على وإلى ، يقال: عليك، و إليك.

وكل ما زاد عن ثلاثة كتب في الخط بالياء سواء أكان فعلاً، أم اسماً معتبراً بالأصل نحو: استقصى، اصطفى، ملهى، يحيى، سكرى.

واختلف العلماء في سبب كتابته في الخط ياء، فقيل إن العلماء أرادوا الفرق بين ذوات الياء وذوات الواو في الثلاثي ، ولكن مازاد عن ثلاثة كتب بالياء، سواء أكان الأصل ياء، أو واو، لأن الياء أخف من الواو، ومازاد على ثلاثة أحرف ثقل، فكتب آخره ياء، لأنها أخف من الواو، ويكتب آخر الفعل المعتل ألفاً، وإن كان أصل الألف واواً، وأسند إلى المتكلم الماضي، أو الغائب في المضارع، نحو: دعا، غزا، يقال: غزوت، دعوت، وهو يدعو، ويغزو.

وإن كان الاسم الثلاثي يثنى ومجمع بالواو كتب في الخط بالواو نحو: عصاً، قطاً، يقال: عصوان وعصوات، وقطوان وقطوات (القطا: نوع من اليمام).

وقد ذكرنا آنفاً أن بعض العلماء ذهب إلى أن الثلاثي يعتبر فيه أصل حرف العلة، فإن كان ياء كتب في الخط ياء، وإن كان واو كتب ألفاً؛ لوجود بعض الكلمات التي تخالف هذا القياس فلا يطرد فيها نحو: ضحى (بالياء)، وهو من ضحا: يضحو. ونحو: ربي عند من كتبها بالياء وهو من ربا: يربو. ونحو: زكى وهو من زكا: يزكو، فالأصل واو وآراء العلماء في ذلك كثيرة، ويرجع هذا الخلاف إلى ما وجد في الرسم المصحفي، وما عليه بعض الكتاب، وبعضهم يكتبونها على نحو ما يسمعونها ألفاً، وآخرون يكتبونها ياء، لأن

الألف تمال آخراً في بعض ياء، وقد يكون هذا سبب كتابتها ياء.

وأجمع العلماء على رسم الألف أخيرة في الخط ألفاً مطلقاً إن سبق بياء لئلا تتكرر في الرسم ياءان أو كراهة الجمع بين ياءين نحو: خطايا، زوايا، محيا، عطايا، دنايا، هدايا، سجايا، دنيا.

وقد خرج عن هذا الإجماع: يحيى، واختلف العلماء في سبب عدم لزومه القياس السابق، وأرى أنها كتبت ياء في الخط للتفريق بين الفعل « يحيا » والاسم يحيى ، وهو اسم أعجمي كما أن يحيى كتب ياء؛ لأنها أيضاً تمال ياء، ولكن « خطايا « ظلت ألفاً في الرسم فقط، وهي تمال أيضاً كراهة الجمع بين ياءين.[٤٧]

ولكن إن كانت الياء مشددة كتب الألف اللينة في الخط ألفا نحو: ريّا، ثريّا .

ومما يؤكد ما ذهبت إليه من الإمالة التي تقع في الألف، أن بعض العلماء بحث علة كتابة بعض الحروف بالياء نحو: إلى، على، بلى، فلم تقع أقوالهم موقعها في الأفعال والأسماء، ومن عللهم أن الألف ترد ياء في الإضافة نحو: إليك، وعليك، وقد ذهب بعضهم إلى أن الألف كتبت ياء؛ لأن الإمالة تحسن في هذه الحروف، ومثل ذلك في، ومتى[٤٨].

وألف العوض، وهي التي تبدل من التنوين كرأيت زيداً ومحمداً دون إظهار التنوين في النطق.

وألف النون الخفيفة كالتي في قوله تعالى: ﴿لَنَسْفَعًا بِٱلنَّاصِيَةِ﴾ [العلق:١٥] ، الأصل فيها نون خفيفة وألف الندبة كالتي في: وا زيداه، وا مجداه، وا معتصماه، يا حسرتاه، وهي ألف مبدلة من ياء يا حسرتي، واكبدي.

وألف التأنيث الممدودة كمدة حسناء، خضراء، وألف سكرى، و حبلى.

---

٤٧ () ارجع إلى: صناعة الكتاب، أبو جعفر أحمد بن محمد بن إسماعيل النحاس، تحقيق الدكتور: بدر أحمد حنيف، دار العلوم العربية، بيروت ط / ١٤١٠ هـ ١٩٩٠م ص ١٣٤، ١٣٥.

٤٨ () صناعة الكتاب ص ١٣٦.

والألف المحوّلة: وهي كل ألف أصلها واو أو ياء في مثل: قال، باع، ويدخل هذا في الإعلال..

والألف المبدلة من نون «إذن»: وتكتب «إذاً «.

واختلف العلماء في الأصل في «إذاً «، «وإذن «، فبعض العلماء يرى أن الألف هي الأصل، ويوقف عليها بالألف، وبعضهم يكتبها بالنون مثل: أن ، ولن، ومن أصحاب هذا الرأي: محمد بن يزيد كان لا يجيز أن تكتب « إذن « إلا بالنون، لأنها مثل «لن» ، وقال: أشتهى أن أكوى يد من يكتبها بالألف.

وذهب فريق ثالث إلى جواز الوجهين، ومن أصحاب هذا المنهج الفراء، فهو يرى أن إذن التي تنصب المضارع تكتب بالنون، ويرى أنها إن توسطت الكلام وليست عاملة كتبت بالألف، وأيده فيه أبو جعفر النحاس، ولكن الفراء نقض رأيه، وخالفه فيه أبو جعفر عندما قال: وأحب إلى أن تكتبها بالألف في كل حال، لأن الوقوف عليها في كل حال بالألف [٤٩].

الحروف الزائدة التي لا تنطق في القراءة:

توجد في الكتابة أحرف قليلة لا تنطق، لأنها زائدة في الرسم، وهي:

١- الألف التي تزاد بعد واو الجماعة في نحو: قالوا، سألوا، فهموا. فما يعتمد في القراءة: قالو، سالو، فهمو، ولا تنطق الألف، لأنها زائدة في الرسم فقط، وتعرف هذه بألف الفصل. واختلف العلماء في سبب وضعها في الرسم زائدة عن أحرف الكلمة، وقد بينا ذلك في ألف الفصل.

٢- الألف في مائة، والمثنى: مائتان، وقد قيل إن الألف زيدت، للفصل بينها وبين "منه" ألا ترى أنك تقول: " أخذت مائة " و " وأخذت منه " ، فلو لم تكن الألف لالتبس على القارئ، وأرى أن الألف فيها من بقايا الرسم القديم [٥٠]. والألف تزاد في المفرد والمثنى: مائة ومئتان، وتسقط في الجمع: مئات ومئون. وتزاد في المركب نحو: ربعمائة، خمسمائة.

---

٤٩ () صناعة الكُتّاب ص ١٣٦.

٥٠ () أدب الكاتب ص ٢٠١ .

٣- الواو في نحو: أولئك، أولو، أولى، أولات، أولاء، قيل إن الواو زيدت، ليفرق بينها وبين إليك، وأرى أن الواو زيدت فيها لبيان حركة الضم في الهمزة أول الكلمة، ولا تزاد في الأولى الموصولة نحو: نحن الأُوَلى بنو الأهرامَ.

٤- الواو في عمرو، وقيل إن سبب زيادة الواو فيها إنها في الرسم تلتبس بلفظ «عُمَر» فلا يفرق بينهما إلا الشكل أو الحركات، والعربية كانت مجردة من رموز الشكل فزيدت الواو في عمرو لتميزها في الرسم عن «عمر»، ولا تنطق، وتثبت في الرفع والجر: يقال جاء عمرو، ومررت بعمرو. ولكنها تحذف في النصب يقال: رأيت عمراً، ويرجع سبب الحذف إلى أن عُمَر تمنع من الصرف فلا تنون، فعد التنوين في «عمراً « سمة تميزها عن «عمر» التي لا تنون البتة، وهذا خاص بالنصب فقط، أما الرفع والجر، فالخط لا يميز بين عَمْرو وعُمَر، ولهذا ثبتت الواو رفعاً و جراً في عمرو.

وقيل: لم تزد فيه واو في النصب لئلا يجمع بين زائدين، هما الألف والواو.

وإن التبست كلمة أخرى بعمرو لم تلحق بها، لئلا تلتبس بها في الخط، نحو: "عَمْر" التي تستخدم في القسم لا تلحق بها واو، فهي تشبه عَمْرو (اسم العلم)، ولكنها لا تشبه "عُمْر"؛ لأنها تختص بالقسم، يقال: لعَمْرُ الـلـه. لم تلحق فيه الواو؛ لأنه لا يشبه غيره، وإن زادت الواو فيه أشبه " عَمْرو " فتركت الواو [٥١].

وزادوا الواو في «أولئك « للتفريق بينه وبين إليك، وزادوها في «أولى « للتفريق بينها وبين «على»[٥٢].

والواو التي تزاد في نداء المصغر في نحو «يأُوخي» مصغراً واو مزيدة، ليفرق بها بينها وبين « يأخي « غير مصغر، وهذه الزيادة تكون في الخط فقط.

وتوجد أحرف تنطق في موضع ولا تنطق في آخر ومنها:

همزة الوصل:

وتسقط في النطق وصلاً أو في اندراج الكلام، ولكنها تظل في الخط فلا تحذف، ويرجع سبب سقوطها وصلاً أو في الكلام المتصل إلى أنه جيء بها متحركة بالكسر أو

---

٥١ () صناعة الكتاب ص ١٣٦.

٥٢ (٢) صناعة الكتاب ص ١٣٦.

الضم أو الفتح ليتوصل بها إلى النطق بالحرف الساكن أو الكلمة، وتأتي في ثلاثة مواضع:

الأول- أول بعض الأسماء، وهي: اسم، ابن، وابنة، وابنان، وابنتان، وامرؤ، وامرأة، واثنان، واثنتان، ايم وايمن، است، والمصادر على وزن: انفعال وافتعال واستفعال، يقال: هذا كتاب ابن تيمية، همزة الوصل لم تنطق كما في «ابن تيمية»». ودليل سقوطها في النطق أن الساكن قبلها يتحرك؛ لئلا يلتقى ساكنان نحو: ﴿قَالَتِ ٱمْرَأَتُ عِمْرَٰنَ﴾ [آل عمران:٣٥]. المنطوق منها: قالتمرأتعمران.

وتحذف بعد لام الجر نطقاً وخطاً في نحو: الهيئة العامة للاستعلام، فقد حذفت من المصدر: استعلام اللام قبلها فأغنت عن حركتها، فاللام متحركة بالكسر، ولئلا تكثر حروف الزيادة، وتحذف همزة الوصل من البسملة في اللفظ بعد باء الجر في هذا الموضع خاصة، وأجمع العلماء على ذلك، و اختلفوا في علة الحذف ولهم فيها أقوال، منها أنها حذفت لكثرة الاستعمال، و هو رأي الكسائي والفراء. وقيل: حذفت، لأنها ليست في اللفظ، أي زائدة، وهو رأي الأخفش (سعيد) و أبي زيد، و حكى أبو زيد أنه يقال: سِم، وسُم، فالأصل على هذا أنه يقال: وسم، أو بسم، حذفت الكسرة، أو الضمه لثقلها، وقيل: حذفت الهمزة، لأن الباء لا تنفصل، وقيل غير ذلك [٥٣].

وأرى أن همزة الوصل سقطت في الوصل بين الباء والسين في « بسم « ، وقد كتبها القدماء على ما سمعت في المنطوق، واطردت في الخط فلا ترسم الهمزة لسقوطها في المنطوق، وهذا من بقايا الرسوم القديمة مثل لفظ الجلالة « الـلـه « ، و «الرحمن» وهذا وهذه.

الثاني- أول بعض الأفعال، مثل بعض أفعال الماضي الخماسي: انفعل: انكسر، وافتعل: اتحد، والسداسي : استفعل : استخدم، استعمل، والأمر من الثلاثي افعل: اذهب. اشرب، والخماسي افتعل: اتحد، وانفعل: انفصل، والسداسي نحو: استخدم، واستعملْ. يقال: إن محمداً استخدم القلم. ويا محمد اذهب بمن استقبلت، دون أن تنطق الهمزة.

---

٥٣ () صناعة الكتاب ص ٦٤.

الثالث- الهمزة في «ال» التعريف نحو: البيت، والبنت، يقال: جاءت البنت، لا تنطق الهمزة المفتوحة في أول البنت، ولهذا تحركت تاء التأنيث الساكنة بالكسر، لالتقائها في النطق بالباء الساكنة في البنت. وتحذف الهمزة بعد لام الجر في نحو: جعلت للبيت باباً.

اللام في «ال» التعريف:

اللام في ال التعريف، وفيها وجهان في القراءة، اللفظ أو الإسقاط. فاللام التي تنطق أو تلفظ تعرف في عرف الكتاب باللام القمرية، واللام التي تسقط أو لا تنطق تعرف باللام الشمسية، وقد بينا ذلك في «التعريف».

واللام التي تسقط في النطق أو اللفظ، ويبقى رمزها في الخط هي اللام الشمسية، والحرف الذي يلي اللام التي لا تنطق يكون مضعفاً، وقد فسر هذا التضعيف على أنه قد وقع إدغام للام في الحرف الذي يليها، والأحرف التي تخفى لام التعريف فيها أربعة عشر: ت، ث، د، ذ، ر، ز، س، ش، ص، ض، ط، ظ، ل، ن. وهذه الأحرف تضعف بعد اللام، نحو: الرب، التين، الثعلب، الدب، الذئب، الطب، اللب، الزيف، النعيم، وجميعها قريبة المخرج من اللام. وتسقط نطقاً إذا سبقت بعلى (حرف الجر) نحو: علبال في على البال، أدغمت اللام في اللام، فصارت لاماً واحدة نطقاً، ولكنها تكتب على الأصل: على البال.

إسقاط الألف من الخط:

يوجد في العربية المعاصرة ألفاظ قديمة فيها ألف لكنها لا تكتب نحو: الـلـه، الرحمن، الحرث، عثمن، الإله، أولئك، لكن، هذا، ذلك، وألفات: طه، يس، الم، حم ... فهي تمد في القراءة، وألف ثلاث في المركب ثلثمائة. وألفات : إبرهيم، إسمعيل، إسحق، وغيرها من الأعلام، وهذا من بقايا الرسم القديم الذي لا يضع رمزاً لألف المد، فهي حركة طويلة بقي هذا في الرسم المعاصر للقرآن الكريم، ولكنها زيدت في النظام الكتابي المعاصر.

وألف «ما» سقطت في «علامَ» «حتامَ»، وذلك في الرسم القديم، والمحدثون يكتبونها.

ما يكتب على غير ما ينطق:

جاء في بعض خطوط الرسم القديم بعض الكلمات بها أحرف تخالف لفظها أو نطقها، وللعلماء في ذلك آراء مختلفة:

أولاً- ما يكتب ياء فينطق ألفاً نحو: هدى، مضى، يحيى، ويرد العلماء ذلك، إلى أن أصل الألف ياء، فكتبت على الأصل: فالمضارع: هدى: يهدي: (آخرها ياء) ومضى: يمضى (آخرها ياء). أو أن يسند إلى تاء المتكلم، فيقال: قضيت، رميت، مضيت، سعيت.

وقد فسروا على هذا سبب ما كتب بالألف، فالأصل فيه الواو، و نحو: دعا، غزا، سلا، كتب بالألف، لأن أصل الألف واو يقال: دعوت، غزوت، سلوت. ولكن ما وقع فيه زيادة لم ينظر إلى أصل الألف فيه، وكتبت جميعه بالياء، نحو: أغزى فلان فلاناً، وهو من «دنوت «، و» ألهى فلان فلاناً «، وهو من « اللهو، لهوت « كل ذلك يكتب بالياء، لأنه يصير إلى الياء عند إسناده إلى تاء المتكلم يقال: أغزيت، أدنيت، ألهيت، ويكتب بالياء كذلك إن بنى للمجهول، فيقال: يغزى، يلهي، يدنى، يدعى، لأنه عند إسناده إلى ضمير ألف الاثنين يكون آخره ياء، يقال: يغزيان، يدعيان، ويدنيان، ويلهيان، ويكتب كذلك بالياء ما كان أصله ياء، يقال: يرميان.

ويقاس على ذلك الأسماء فما كان أصل الألف فيه ياء كتب بالياء، وما كان أصل الألف واواً كتب بالألف، وتستطيع أن تتعرف على الأصل من خلال المثنى أو ما يصح أن يأتي مضارعه، أو ما يصح إسناده إلى تاء المتكلم إن صح مجيء الفعل منه، وذلك نحو: قفا، عصا، يقال: قفوان، وعصوان، وقفوت الرجل « إذا اتبعته، و» عصوته»: إذا ضربته.

وما أشكل عليك ولم تعرف أصله ولا تثنيته، وصحت فيه الإمالة نحو الياء فاكتبه بالياء، وإن لم تحسن فيه الإمالة فاكتبه بالألف.

وقد جاءت بعض الكلمات على الوجهين،فكتبت بالألف وكتبت بالياء، مثل: رحا، ورحى. ويرجع ذلك إلى أن بعض العرب يقولون: «رحوت الرحا «، ومنهم من يقول: رحيت الرحى، والمشهور فيها أن تكتب بالياء.

ومثل: «الرضا »، جاء في تثنيتها عن بعض العرب: رضيان، وجاء عن بعضهم: رضوان، ولهذا صح فيها الوجهان، والمشهور أن تكتب بالألف.

ويكتب كل اسم مقصور جاوز ثلاثة أحرف بالياء مطلقاً سواء أكان أصله الواو أم الياء، لأنه يثني بالياء نحو: ملهى، مشترى، أعمى، أعشى، مثنى. يقال: ملهيان، مشتريان، أعميان..

إن كانت الألف مسبوقة بياء، فإن الألف تكتب بعدها ألفاً في الخط، كراهة اجتماع ياءين في آخر الاسم، وذلك نحو: العليا، الدنيا، رؤيا، وكذلك إن كانت الياء التي تسبق الألف مشددة نحو: محيا، ثريا.

ويخرج عن ذلك «يحيى» (الاسم العلم) يكتب بالياء، ولم يقس على ما قبله اتباعاً للرسم المصحفي، وليفرقوا بينه وبين الفعل « يحيا ».

وتقاس الأفعال التي مضارعها زنة يفعل على الأسماء، نحو: يَعْيا ، ويَحْيا ، كتبت بالألف كراهة اجتماع ياءين في آخره.

ويراعى في آخر المصدر المؤنث منه، فما كان المؤنث منه بالياء كتب في الخط ياء، وما كان واواً كتب ألفاً، نحو: العمى، الظمى، كتبا بالياء، لأن المؤنث منهما: عمياء، ظمياء.

والعشا و العَثا (كثرة شعر الوجه)، والقنا (احديداب الأنف الأنف) كتب بالألف؛ لأن المؤنث منه بالواو: عشواء، وقنواء، عثواء.

ويقاس على ذلك كل جمع مقصور ليس بينه وبين مفرده في الهجاء إلا الهاء، يراعى في كتابة ألفه جمع المؤنث منه نحو: الحصى، والنوى، ويجمع مؤنثاً على: حصيات، نويات (والمفرد: حصاة، نواة) و قطا، (قطاة) اسم طائر. المؤنث منها: قطوات، ومثل ذلك القنا (قناة)، والفلا (فلاة)، فالمؤنث: قنوات، وفلوات.

ثانياً- ما يكتب بالواو وينطق ألفاً:

وجاءت بعض الكلمات في رسم المصحف الشريف تكتب بالواو تنطق ألفاً على غير ما كتبت في الرسم، وذلك نحو: الصلوة (الصلاة)، والزكوة (الزكاة)، والحيوة (الحياة)، والربوة (الربا).

كلها في الرسم بالواو، وتنطق الواو ألفاً أداء، وقد فسر العلماء ذلك على ما يأتي:

* أنهم كتبوا هذه الكلمات بالواو على لغات الأعراب (أهل البادية)، وكانوا يميلون اللفظ بها نحو الواو.

* وقيل إنهم كتبوها على الأصل، وأصل الألف فيها واو، فقلبت ألفاً لما انفتحت وانفتح ما قبلها، فهي في الجمع واو، والجمع يرد الحروف إلى أصولها، يقال: صلوات، زكوات، حيوات، وكتابة الألف فيها ليست مفردة، لأن الألف ترد إلى الكلمة عند الإضافة إلى الضمير: صلاتي، صلاتك، زكاتي، زكاتك، حياتي، حياتك.

تاء التأنيث وهاء التأنيث في الأسماء:

تناولت أحكام الوقف في موضع مستقل، وقد رأيت أن أفرد مكاناً مستقلاً لتاء التأنيث في الأسماء التي تبدل في الوقف هاء، وتعرف بهاء التأنيث.

التاء زيدت في الأسماء لتكون علامة يفرق بها بين المذكر والمؤنث، نحو: امرئ: امرأة، ومرء: مرأة، وتعد التاء العلامة الأولى في علامات التأنيث، تليها ألف التأنيث المقصورة، نحو: سلمى، حبلى، وألف التأنيث الممدودة نحو: حمراء، خضراء. و الألف يفتح ما قبلها دائماً نحو: ابنة، كبيرة، لحية، ويسكن ما قبلها في الكلمات التي تتكون من مقطع واحد نحو: بنت، مؤنث ابن، وأخت مؤنث أخ، وقد قيل إن التاء في بنت بدل من الواو، وتجمع على بنات، وقيل إن الواو حذفت وزيدت فيها تاء التأنيث، مثل: أخت، وقد رأى بعض العلماء أن التاء في بنت وأخت ليست فيها بعلامة تأنيث؛ لأنها بدل من الواو من أخو، وبنو، فالتاء لام الكلمة قامت مقام الواو، وتاء التأنيث تكون زائدة ومفتوح ما قبلها، وللعلماء فيهما آراء كثيرة فنتركها إلى ما نحن بصدد الحديث عنه، وهو قلب تاء التأنيث في الوقف هاء.

وتوصل العلماء إلى أن تاء التأنيث هي الأصل في اللغات التي انشقت عنها اللغة العربية، ولا تقلب التاء هاء في بعض هذه اللغات (مثل: الأشورية و الحبشية)، واستدلوا من ذلك على أن تحول التاء في الوقف إلى الهاء وقع متأخراً، والأصل إثبات التاء وقفاً ووصلاً، وهذا له وجوه من الصحة فيما بقى من آثار لغوية، فبعض الخطوط القديمة

كتبت تاء التأنيث في الوصل تاء مفتوحة «ت»، وقد حفظ ذلك الرسم المصحفي في بعض الكلمات المؤنثة المضافة نحو: «رحمت الله «، ويؤيد ذلك أن التاء علامة التأنيث في الأفعال، وليست الهاء نحو: قامت هند. وتناول العلماء التاء والهاء في الإبدال، واتفقوا على أن التاء تبدل في الوقف هاء في كل اسم مفرد في آخره تاء تأنيث نحو: طلحة، حمزة، وذهبوا إلى أن الهاء اجتلبت إلى موضع التاء بعد أن سقطت التاء حين الوقف على المؤنث، فبقى المقطع السابق عليها مفتوحاً، ذا حركة قصيرة، فكره ذلك، فأغلق المقطع عن طريق امتداد النفس بهاء السكت مثل: الذي وقع في ما: مه، ولما: لمه. وهو: هوه. ولا توجد علاقة صوتية بين التاء والهاء لبعد المخرج فالهاء صوت حنجري، والتاء لثوى أسناني، فاستبعد العلماء وقوع إبدال بينهما لعلة صوتية، فالهاء هاء السكت جاءت لغلق المقطع القصير المفتوح، وسقطت التاء لعلة أخرى.

وقد كتبت التاء في الخط هاء، وزيد فيها نقطتان، لئلا تشتبه بالتاء التي تدخل في بنية الكلمة ولا تقلب وقفاً في نحو: أخت وبنت، ولتخالف هاء الضمير في مثل: منه، له، وعليه.

وأكد العلماء أن التاء هي الأصل وليست الهاء، واستدلوا ببعض لهجات العرب التي تثبت التاء وصلاً ووقفاً نحو: مسلمت (مسلمة) وحكمت (حكمة). وهذا يطرد في بعض المؤنثات المضافة في القرآن الكريم، وهي في الرسم تاء، وتسمى بالتاء المبسوطة (المفتوحة)، وهو يمثل الرسم القديم الذي استعير من الساميين.

وأمثلة ذلك: ﴿رَحْمَتَ ٱللَّهِ﴾ [البقرة:٢١٨] و ﴿نِعْمَتَ ٱللَّهِ﴾ [البقرة:٢٣١]. و ﴿ٱمْرَأَتُ عِمْرَٰنَ﴾ [آل عمران:٣٥] و ﴿كَلِمَتُ رَبِّكَ﴾ [الأنعام:١١٥]. و ﴿سُنَّتُ ٱلْأَوَّلِينَ﴾ [الأنفال:٣٨] و ﴿بَقِيَّتُ ٱللَّهِ﴾ [هود:٨٦] ، و ﴿قُرَّتُ عَيْنٍ﴾ [القصص:٩] و ﴿فِطْرَتَ ٱللَّهِ﴾ [الروم:٣٠] و ﴿شَجَرَتَ ٱلزَّقُّومِ﴾ [الدخان:٤٣] و ﴿وَجَنَّتُ نَعِيمٍ﴾ [الواقعة:٨٩] و ﴿وَمَعْصِيَتِ ٱلرَّسُولِ﴾ [المجادلة: ٨]. و ﴿ٱبْنَتَ عِمْرَٰنَ﴾ [التحريم:١٢].

ويقال عند نداء الأبوين: «يا أبتى» و « يا أمتى « بإثبات ياء الإضافة فيهما مع إدخال تاء تأنيث عليهما قياساً على قولك يا عمتي، وهو غير صحيح، ووجه الكلام أن يقال: يا

أبت، يا أمت، بحذف الياء والاجتزاء عنها بالكسرة، قال تعالى: ﴿يَـٰٓأَبَتِ لَا تَعۡبُدِ ٱلشَّيۡطَـٰنَ﴾ [مريم:٤٤]. ويقال: يا أبتا و يا أمتا، بإثبات الألف، ويجوز الوقف عليها بالهاء، فيقال: يا أبه، ويا أمه.

* * *

التعريف

« ال « التعريف: وتدخل على الأسماء النكرة نحو: رجل، يقال: الرجل، و «ال» التعريف عبارة عن همزة وصل، مفتوحة، تليها لام ساكنة، ويري بعض العلماء أن اللام وحدها للتعريف، وقد اجتلبت إليها همزة الوصل للنطق بالساكن، وذهب بعضهم إلى أن أداة التعريف هي « ال « برمتها، وأن الهمزة همزة أصلية، وأنها همزة قطع، بدليل أنها مفتوحة، إذ لو كانت همزة وصل لكسرت، لأن الأصل في همزة الوصل الكسر، ولا تفتح أو تضم إلا لعارض،، وليس هنا عارض يقتضي ضمها أو فتحها، وقد صارت همزة وصل في الاستعمال، لقصد التخفيف الذي اقتضاه كثرة استعمال هذا اللفظ.

وتأتي « ال « لمعانٍ، وهي:

«ال» العهدية التي يشار بها إلى معهود ذهني أو ذكري، فالأول نحو: جاء القاضي. إذا كان بينك وبين مخاطبك عهد في قاضٍ خاص. والثاني: كقوله تعالي: "فِيهَا مِصْبَاحٌ الْمِصْبَاحُ » [النور: ٣٥]، فإن ال في المصباح وفي الزجاجة للعهد في مصباح وزجاجة لتقدم ذكرهما. ومثل قوله تعالي: ﴿كَمَا أَرْسَلْنَا إِلَىٰ فِرْعَوْنَ رَسُولًا ﴿١٥﴾ فَعَصَىٰ فِرْعَوْنُ الرَّسُولَ﴾ [المزمل:١٦،١٥].

* "ال" لاستغراق الجنس، وهي قسمان: إما أن تكون استغراقية: لكل أفراد الجنس أو مشاراً بها إلى نفس الحقيقة، فالأول كقوله تعالي: ﴿وَخُلِقَ الْإِنسَانُ ضَعِيفًا﴾ [النساء:٢٨]. أي: كل فرد من أفراد الإنسان، وقوله تعالي: ﴿إِنَّ الْإِنسَانَ لَفِي خُسْرٍ﴾ [العصر:٢] ، وعلامتها أن يصلح موضعها « كل «. ونحو: ﴿ذَٰلِكَ الْكِتَابُ﴾ [البقرة:٢] أي: أن هذا الكتاب هو كل الكتب، إلا أن الاستغراق في الآية الأولي لأفراد الجنس، وفي الثانية لخصائص الجنس، كقولك: « زيد الرجل «، أي الذي اجتمع فيه صفات الرجال المحمودة. والثاني: نحو: ﴿وَجَعَلْنَا مِنَ الْمَاءِ كُلَّ شَيْءٍ حَيٍّ﴾ [الأنبياء:٣٠]. أي من هذه الحقيقة، لا من كل شيء اسمه ماء.

* "ال" لتعريف الحقيقة، نحو: الرجل خير من المرأة. أي: هذه الحقيقة خير من هذه الحقيقة، ونحو: السجاد ضرب من البسط، ويلزم وجوده في فاعل نعم وبئس، كقوله

تعالى: ﴿نِعْمَ ٱلْعَبْدُ﴾ [ص:٣٠] و ﴿فَنِعْمَ ٱلْقَٰدِرُونَ﴾ [المرسلات:٢٣] و ﴿بِئْسَ ٱلشَّرَابُ﴾ [الكهف:٢٩]. وأن يكون نعتاً لاسم الإشارة نحو: ﴿مَالِ هَٰذَا ٱلْكِتَٰبِ﴾ [الكهف: ٤٩] و ﴿مَالِ هَٰذَا ٱلرَّسُولِ﴾ [الفرقان:٧] ونعت « أيها » في النداء، نحو: ﴿يَٰٓأَيُّهَا ٱلرَّسُولُ﴾ و ﴿يَٰٓأَيُّهَا ٱلْإِنسَٰنُ﴾ [الانفطار:٦].

وتقع زائدة في: اللات (اسم صنم) والآن، وما دخل على الأسماء الموصولة نحو الذي والتي وتدخل ال زائدة على الأسماء للنقل من الوصف إلى العلمية نحو: الحارث، والنعمان، والحسن.

وال التي تدخل على الأسماء للغلبة نحو: «المدينة»، ليخص مدينة الرسول، و «الكتاب» ليخص كتاب سيبويه. «والعقبة» يريد المكان.

ويأتي للغلبة في الأسماء نحو: العباس، والفضل، والوليد، وتحذف في المنادى النكرة نحو: يا رجلاً. تريد أي رجل والاسم المضاف نحو: منزل علىّ.

وتنقسم «ال » التعريف من حيث نطق اللام في حال اتصالها بما يليها من أول حروف الكلمة التي دخلت عليها إلى لام قمرية ولام شمسية.

أولاً- اللام القمرية: وهي اللام التي تظهر في النطق بعد همزة الوصل التي تسبقها، وقد سميت اللام القمرية تشبيهاً لها باللام في كلمة القمر، لظهورها فيها، وهو ما يعرف بالإظهار القمري.

وهمزة الوصل في «ال» مفتوحة واللام ساكنة، وقد سبقت اللام بهمزة الوصل لسكونها، والعربية لا تبتدأ بساكن؛ فجلبت همزة الوصل إلى الكلمات التي سكن أولها.

ويرجع ظهور صوت اللام في النطق وإخفائه في الأداء دون الخط إلى الحرف الذي تتصل به اللام، وقد أحصي علماء العربية أربعة عشر حرفاً (أو صوتاً)، تظهر صوت اللام في الأداء الصوتي، وهي: الهمزة، والباء، والجيم، والحاء، والخاء، والعين، والغين، والفاء، والقاف، والكاف، والميم، والهاء، والواو، والياء، ويجمعها قولهم: « ابغ حجك وخف عقيمه».

والأمثلة: الأبرار، البدر، الجنة، الحج، الخير، العلم، الغفور، الفؤاد، القاهرة، الكلام، المدينة، الهواء، الوطن، اليد.

ثانياً– اللام الشمسية

وهي اللام التي تختفي في النطق وتثبت في الخط.

والحرف الذي تتصل به اللام يضعف أو يشدد، ويرجع إخفاء اللام إلى أنها تدغم في الحرف الذي يليها، والحروف التي تدغم فيها اللام قريبة المخرج منها، وتبلغ هذه الأحرف أربعة عشر، وقد جمعها الشيخ سليمان الجمزوري في الحروف الأولى من ألفاظ هذا البيت:

طب ثم صل رحماً تفزصف ذا نعم   دع سوء ظن زر شريفاً للكرم

وهي: التاء، والثاء، والدال، الذال، الراء، الزاي، والسين، والشين، والصاد، والضاد، والطاء، والظاء، واللام، والنون. ولا تدخل فيها الألف؛ لأنها لا تقع أول الكلمة.

والأمثلة: التَّاريخ، الثَّواب، الدُّنيا، الذَّنب، الرَّقيب، الزُّمرة، السَّماء، الشَّباب، الصَّبر، الطَّبيب، اللـه، النَّهر.

وتحذف الهمزة من « ال » إذا سبقت باللام الجارة نحو: الهيئة العامة للاستعلامات.

وتحذف « ال » التعريف كاملة بعد لام الجر في الكلمات التي تبتدأ باللام نحو: ليمون، ليل، لغو، يقال: لليمون فوائد طبية، أجّل القائد الخطة لليلة المقبلة، لا نقيم للغو قيمة.

ويدخل في ذلك الأسماء الموصولة التي يلازمها التعريف بـ « ال » نحو للذين وللتين، وللائي، وللاتي، وقد وقع الحذف لتلافي تكرار اللام.

نون الوقاية

نون الوقاية نون زائدة، تزاد بين الفعل وياء المتكلم، وسميت نون الوقاية، لأنها تمنع الفعل من الكسر، وذلك نحو: أكرمني، ويكرمني، وأكرمني، وإن اتصلت ياء المخاطبة

بالفعل دون نون الوقاية فحكمها الشذوذ.

واختلف في أفعل في التعجب: هل تلزمه نون الوقاية أم لا ؟ فرأي فريق عدم لزومها نحو: ما أفقري إلى عفو الـلـه، والصحيح أنها تلزم في أفعل التعجب نحو: ما أفقرني إلى عفو ربي.

وتلزم كذلك مع بعض الحروف نحو: ليتني، قال تعالى: ﴿يَٰلَيۡتَنِي كُنتُ مَعَهُمۡ﴾ [النساء:٧٣].

والفصيح في لعل أنها لا تلزم، فتجرد منها، كقوله تعالي — حكاية عن فرعون — ﴿لَّعَلِّيٓ أَبۡلُغُ ٱلۡأَسۡبَٰبَ﴾ [غافر:٣٦] ، وقد تلحق به النون نحو: لعلني أفعل خيراً.

ويستوي الوجهان في: إنَّ، وأنَّ، وكأنَّ، ولكن نحو: إنِّي، وإنني، وأنِّي، وأنني، وكأنِّي، وكأنني، ولكني، ولكنني.

وتلزم النون «مِنْ» و « عن « نحو: منِّي، وعنِّي — بتشديد — ومنهم من يحذف النون، فيقول: منِى، عني، وهذا شاذ.

والفصيح في « لدن « أن تلحق به نون الوقاية إن اتصل بها ياء المخاطبة نحو: «لدنِّي» كقوله تعالي: ﴿قَدۡ بَلَغۡتَ مِن لَّدُنِّي عُذۡرٗا﴾ [الكهف:٧٦] ، ويقل حذفها، كقراءة من قرأ: **(من لدني)** بالتخفيف.

حروف العطف

حروف العطف: الواو، والفاء، ثم، حتى، أو، أم، لا، بل، لكن، ولها معاني في السياق اللغوي:

الواو: أم الحروف، ومعناها: الجمع والاشتراك، ولا تقتضي الترتيب عند النحويين، نحو: جاء محمد وعلي . أي: جاءا متصاحبين، وتكون نسقاً بين الجمل، ويكون إعراب فعلين مجموعين واحد نحو: ينام ويستيقظ باكراً، فإن لم تجمع الواو وبين فعلين جاز نصب الثاني على تقدير أن محذوفة نحو: لا تأكل السمك وتشرب اللبن بنصف تشربَ. أي: أن تشرب، ونحو: لا تنه عن خلق وتفعلَ مثله. أي وأن تفعل مثله.

الفاء: للترتيب والتعقيب، نحو: جاء زيد فعمرو، دلّ دخول الفاء على أن زيداً سبقه في المجيء، وتعقبه عمرو. وقد تقع للتسبب، كقولك: ضربته فبكي، وسافر فربح.

ثم: للترتيب والتراخي، نحو: سافرت إلى البصرة ثم الكوفة، وتكون بمعنى الواو نحو: ﴿ثُمَّ ٱللَّهُ شَهِيدٌ عَلَىٰ مَا يَفۡعَلُونَ﴾ [يونس:٤٢] أي: وهو شهيد.

حتى: ولها معاني:

- **حتى:** حرف عطف، وهذا مشروطٍ بأن تكون جزءاً مما قبلها، ويكون مذكوراً للتعظيم أو للتحقير، فالتعظيم نحو: جاءني الناس حتى الأمير، والتحقير، نحو: استضافني الناس حتى الحارس، وبعض العلماء يجيز أن تكون بمعنى الواو دون شرط نحو: قدِم الجيش حتى المؤخرة، واشترط البصريون أن يكون الثاني من الأول فلا يجيزون: حضر الناس حتى الدواب؛ لأن ما بعدها لا يدخل فيما قبلها.

- **حتى**من حروف الجر بمعنى إلى نحو : ﴿حَتَّىٰ مَطۡلَعِ ٱلۡفَجۡرِ﴾ [القدر:٥] و﴿حَتَّىٰ يَبۡلُغَ ٱلۡكِتَٰبُ أَجَلَهُۥ﴾ [البقرة:٢٣٦] .

والثاني- أن تكون حرفاً من جملة نواصب الفعل المضارع. كأن تكون بمعنى كي نحو: أكلمه حتى يرضى. أي كي يرضى.

والثالث- أن تكون حرف ابتداء يقع بعدها المبتدأ والخبر، نحو: تغير لون الماء حتى لون الإناء تغير.

وإذا قلت: أكلت السمكة حتى رأسها، جاز في إعراب رأسها ثلاثة أوجه:

أحدها- أن ترفعه بالابتداء، وخبره مستتر، وتقدير الكلام: حتى رأسها مأكول.

والثاني- أن تكون حتى من حروف الجر بمعنى إلى منتهى الغاية.

والثالث- أن تكون حرف عطف بمعنى الواو.

أم: للاستفهام: وتقع في غالب أحوالها معادلة لألف الاستفهام، وتكون الألف بمعني «أي» نحو: أزيد عندك أم عمرو، والتقدير: أيهما عندك ويكون الجواب أحدهما {زيد أو عمرو}. ويجاب عنها بـ « نعم «، أو « لا «. وقيل فيها: حرف عطف نائب عن

تكريم الاسم أو الفعل. وقيل هي بمعنى «بل» نحو: ﴿أَمْ يَقُولُونَ شَاعِرٌ﴾[الطور:٣٠] . وبمعنى أو نحو: (أجاء رجل أم امرأة؟ أي : أو، وأزيد قام أم عمرو؟ أي: أو.

لا: تكون عاطفة بعد الإثبات، فتحقق المعني الأول، وتنفيه عن الثاني، نحو: قام زيد لا عمرو، فإن قلت: ما قام زيد ولا عمرو، فالواو هي العاطفة ولا للنفي لا للعطف، وقد زيدت « لا » تأكيداً للنفي وإشباعاً للمعني.

بل: للإضراب عن الأول والإثبات للثاني، ولا تدخل عليها واو العطف، وتجيء بعد الإثبات نحو: رأيت زيداً بل عمراً. وتجيء كذلك بعد النفي: ما رأيت زيداً بل عمراً، وبعض العلماء يرى أنها تأتي بعد نفي؛ لأن الأول يثبت له الفعل، وهذا أرجح من قولنا: ضربت علياً بل زيداً، والأفصح أن نقول ما ضربت علياً بل محمداً، والأفصح أن نقول ما ضربت علياً بل محمداً؛ لأن الأول انتفى عنه الضرب وثبت للثاني.

وأو تأتي لمعاني منها: الشك نحو: جاء زيد أو عمرو. والإبهام نحو: لقيت زيداً أو عمراً، وأنت تعلم من لقيته. والتخيير نحو قوله تعالى: ﴿فَفِدْيَةٌ مِّن صِيَامٍ أَوْ صَدَقَةٍ أَوْ نُسُكٍ﴾ [البقرة: ١٩٦] والإباحة نحو: جالس العلماء أو العامَة أو الخاصة. وتكون بمعنى التقريب نحو: ما أدري أسلم أم ودع؟ وذلك لقربهما.

لكنْ: وهي ساكنة النون، ومعناها: الاستدراك، وتجيء بعد النفي، نحو: «ما خرج زيد لكن عمرو «. فإن جاءت بعد الإثبات، لزم أن تكون بعدها جملة نافية، نحو: حضر زيد، لكن عمرو لم يحضر.

إما: وتأتي بمعني " أو " في الشك، والإبهام، والتخيير، والإباحة، ولكن بينهما فرقين:

أحدهما- أنك تبتدئ بـ" إما " شاكاً، وفي " أو " تبتدئ باليقين ثم الشك.

والثاني- أنه لابد في « إما « من التكرير، كقوله تعالي:﴿فَإِمَّا مَنًّا بَعْدُ وَإِمَّا فِدَآءً﴾ [محمد:٤] وإما مكسورة الهمزة غير «أما « مفتوحة الهمزة، فالأولى للعطف، والثانية لتفصيل الجملة، وتلتقي بالفاء، وجاء ذلك في قوله تعالي: ﴿فَأَمَّا ٱلْيَتِيمَ فَلَا تَقْهَرْ﴾ [الضحى:٩]. وإما التي تعني النسق تكون تخييراً وإباحة نحو: اشرب إمّا ماء وإما لبناً.

وللمعطوف وجهان من الإعراب:

أحدهما- أن يقع العطف على اللفظ، نحو: ليس زيد بكاتب ولا شاعرٍ، بجر شاعر اتباعاً للفظ المعطوف عليه المجرور «كاتب»، والتقدير: ليس زيد بكاتب وبشاعر.

وثانيهما- أن يتبع المعطوف إعراب المعطوف عليه في الموضع، فيقال: ليس زيد بكاتب ولا شاعراً نصب « شاعراً »؛ لأن موضع المعطوف عليه النصب، فالأصل في كاتب النصب بعد نزع حرف الجر الزائد في خبر ليس، كالأصل: ليس زيد كاتباً ولا شاعراً، ومثله قوله تعالى: ﴿ أَنَّ ٱللَّهَ بَرِيٓءٌ مِّنَ ٱلۡمُشۡرِكِينَ وَرَسُولُهُۥ ﴾ [التوبة: ٣]، لرسوله وجهان:

أولهما- النصب بجعله عطفاً على اسم اللـه تعالي.

ثانيهما- الرفع بجعله عطفاً على الموضع، وموضع المعطوف عليه الابتداء. والعطف على اللفظ أولى وأحسن. [٥٤]

* * *

٥٤ () ارجع إلى شرح ملحة الإعراب ص ٢٦١ - ٢٦٣.

الوقف

للوقف: أحكام في الخطاب المنطوق، فالموقوف عليه يكون ساكناً والمبدوء به لا يكون إلا متحركاً، فالعربية لا تبتدأ بحرف ساكن، وسكون الآخر يشترك فيه الاسم والفعل والحرف، تقول: هذا محمدْ، ومحمد يضربْ، ويقال في الحرف ، نحو: «جَيْرْ»، و«إنْ» (بسكون الآخر)، فالوقف ضد الابتداء فأنت تبدأ بمتحرك وتقف على ساكن، ونبين ذلك فيما يأتي:

أولاً- الوقف على آخر الصحيح: إذا كان آخر الاسم صحيحاً منصرفاً، قَبِلَ الحركات الثلاث: الرفع، والنصب، والجر، فإن كان مرفوعاً، فالوقف عليه بالسكون نحو: هذا زيدْ. والسكون يعد سلباً للحركة. ولك أن تقف عليه مضعفاً، فتضاعف الحرف الموقوف عليه نحو: هذا خالدّ، وهذا فرجّ. ولكن إذا وصلت حركته، وأسقطت التضعيف نحو هذا خالد الكريم.

وإن كان الاسم منصوباً، فلك فيه وجوه:

أن تقف على آخره ساكناً إن كان معرفاً بالألف واللام. نحو: رأيت الرجلْ، وكذلك في غير المنصرف نحو: رأيت عُمَرَ.

وإن كان نكرة منوناً، فإنك تبدل من تنوينه ألفاً، ولا يقع في هذا النوع تضعيف في الوقف، يقال فيه: رأيت رجلا. وكذلك الأعلام المنونة نحو: رأيت زيدا.

وإن كان الاسم مجروراً، وقفت على آخره ساكناً، في المنصرف وغير المنصرف نحو: مررت بزيدْ، ومررت بعمرْ، ولك أن تقف على آخره مضعفاً نحو: مررت بخالدّ.

ثانياً- الوقف على المنقوص، وهو الاسم الذي يكون آخره ياء مكسورًا ما قبلها.

إن كان آخره مما أسقطه التنوين في التنكير نحو: قاض، ماضٍ، جوارٍ، وعمٍ، فلك وجهان في الرفع والجر:

الأول- حذف الياء؛ لأنها لم تكن موجودة في حال الوصل؛ لأن التنوين كان قد أسقطها، والتنوين يسقط أيضاً في الوقف، يقال: هذا قاضٍ. ومررت بقاضٍ؛ وهو أرجح الوجهين.

الثاني- أن ترد الياء فتقول: هذا قاضي. وهذا رامي. ومررت بداعي. وقد ردت إليه الياء في الوقف، لسقوط التنوين في الوقف، والتنوين كان سبب حذفه، فلما سقط ردت إليه الياء، والوجه الأول هو الشائع والأجود، وجاء على الوجه الثاني قراءة ابن كثير: ﴿إِنَّمَآ أَنتَ مُنذِرٌ وَلِكُلِّ قَوۡمٍ هَادٍ﴾ [الرعد:٧].

- وإن كان الاسم غير منون مما لا تحذف ياؤه كأن يكون معرفاً نحو: القاضي، الرامي. وهذا النوع لا تحذف ياؤه في الوقف بل تسكن، فتقول: هذا الرامي والغازي والقاضي، ومررت بالقاضي. وصح عند العرب حذف الياء فيه أيضاً يقولون: هذا القاضْ. ومررت بالقاض، وجاء هذا الوجه في قراءه نافع وأبي عمر بن العلاء في الإسراء والكهف: ﴿وَمَن يَهۡدِ ٱللَّهُ فَهُوَ ٱلۡمُهۡتَدِ﴾ وعليه جاء اسم «العاص»، والأصل: العاصي.

وليس لك في الاسم المنصوب إلا إثبات الياء؛ لأنها قد قويت بالحركة في حال الوصل.

ثالثاً- الوقف على آخر الاسم المقصور: وهو ما كان آخره ألفاً، وفيه نوعان: اسم منصرف وآخر غير منصرف، فالمنصرف تسقط ألفه في الوصل، سكونها وسكون التنوين بعدها نحو: هذه عصا، وهذا فتىً، وهذه رحاً. حذف الألف في الوقف، ويسقط التنوين في الوقف، وتحل الألف موضعه في لام الكلمة في الوقف، نحو: هذه عصا. رأيت عصا. مررت بعصا. وذلك لخفة الألف، وهي لام الكلمة.

ونلاحظ أن المقصور النكرة يظهر التنوين فيه في الوصل دون الألف، قال تعالي: ﴿ذَٰلِكَ ٱلۡكِتَٰبُ لَا رَيۡبَۛ فِيهِۛ هُدٗى لِّلۡمُتَّقِينَ﴾. ظهر التنوين في الوصل. ويقال إن الألف التي تظهر في الوقف ليست من الكلمة بل بدل من التنوين الذي سقط وقفاً على نحو ما نسمع في مثل: رأيت رجالا.

وتقول في الوقف على المنصوب المنوّن: لقيت زيدا. فالألف أبدلت من النون، ومثل ذلك وقع في «رأيت عصا « سقط التنوين وحل الألف موضعه، ولكن الألف التي في المعرف هي لام الكلمة أو من أصل الكلمة نحو: رأيت العصا. والتنوين إذا صادف اللام ساكنة أو منقلبة ألفاً أوجب حذفها؛ لئلا يلتقي ساكنان، نحو: قاضٍ، والأصل: قاضي.

ونحو: عصاً، ورحيً. في العصا والرحى، وتسقط هذه الألف أيضاً في الوصل إن لقيها ساكن من كلمة أخري متصلة بها، يقال: يخشي اللـه. فتسقط الألف نطقاً لاخطاً لالتقاء الساكنين، ومثل ذلك يقع فيما كان آخره ياء ساكنة نحو: جاء قاضي المدينة، تسقط الياء في الوصل.

ولا يقع حذف في غير المنصرف، لعدم دخول التنوين فيه نحو: سكرى، حبلى، وكذلك المعرف الذي لا يدخله التنوين نحو: القفا والعصا، فألفه ثابتة، وهي الألف الأصلية فلا تسقط ألفه؛ لأنه لا تنوين فيه يستدعي حذف الألف الساكنة قبلها.

وبعض العرب يبدلون من هذه الألف ياء في الوقف فيقولون: هذه أفعىْ. وهذه حبلىْ (بياء ساكنة). والشائع أن تنطق ألفاً، وتسقط هذه الألف وصلاً نحو: «حبلى البيت» لمجي الساكن بعدها.

الوقوف على آخر الفعل:

والفعل باعتبار آخره — نوعان: صحيح ومعتل:

يوقف على آخر الصحيح بسكون على آخره نحو: ذَهَب، أكلْ، يذهبْ، يأكلْ، الوقوف على آخر المعتل في الرفع والنصب بإثبات حرف العلة في آخره دون حذف، وحاله في الوقف كحاله في الوصل، يقال: يغزو، يرمي. يخشى. ويقال في النصب: لن يغزو. لن يرمي. لن يخشى، ويسكن حرف العلة في الوقف.

أما الوقف على المجزوم الذي حذفت آخره، فلك فيه وجهان:

الأول- أن تزيد فيه هاء للوقف، عليها لئلا يبقي المقطع مفتوحاً: لم يغزه، لم يرمِهْ. ولم يخشه، ومثل ذلك في الأمر الذي حذفت منه حرف العلة، نحو: اغزه، ارمه، اخشه، زيدت الهاء لغلق المقطع وللمحافظة على الحركات؛ ليقع الوقف عليها بالسكون وتسلم الحركات.

الثاني- أن تقف على ما قبل المحذوف بالإسكان، نحو:» لم يَرْمْ « و « لم يجْر «.

وإن أدي الحذف إلى أن يبقي على حرف واحد، لم زيدت فيها لهاء نحو: وقي: قه.

وعي: عه. حذفت الفاء، واللام للأمر، والحركة دليل على المحذوف؛ لأن الابتداء بالحرف يوجب تحريكه والوقف عليه يقتضي إسكانه، فزيدت الهاء.

الوقوف على تاء التأنيث في الأسماء:

ما كان آخره تاء تأنيث نحو: ظلمة، حمزة، قاعدة، تسقط التاء، ويوقف عليه بالهاء نحو: طلحةْ، حمزة، قاعدة، والذي يدل على أن الهاء بدل من التاء أنها تصير تاء في الوصل، والوصل مما ترجع فيه الأشياء إلى أصولها، والوقف من مواضع التغيير. وقد أبدلت الهاء من التاء، لئلا تشبه التاء الأصلية في نحو: بيت وأبيات، والتاء الملحقة في نحو: بنت وأخت، فالتاء بدل من الواو: بنو، أخو. وللتفريق بين تاء الاسم وتاء الفعل في نحو: قامت. قعدت والهاء في « هذه أمة الـلـه « فليست زائدة، وإنما هي بدل من الياء في « هذي «، وليست الهاء في «هذه» للتأنيث كالهاء في طلحة وحمزة؛ لأنها فيهما زائدة، وتجدها في الوصل تاء.

الوقف على غير المتمكن: وهو المبني الذي خرج مكانه من الاسمية إلى شبه الحرف فبني، نحو الضمائر: أنا، يوقف عليها بفتح النون، وذلك أن تقول في هو وهي: هوه، هيه. قال تعالي: ﴿وَمَآ أَدۡرَىٰكَ مَا هِيَهۡ﴾ [القارعة:١٠]. وتسكن الضمائر المتصلة في الوقف نحو: أكرمتكْ، أعطيتكْ.

ولك أن تزيدها إلى الضمير الساكن (الياء) نحو: ضربنيه، وغلاميه، وكذلك في ياء الإضافة نحو: سلطانيه، ماليه.

والياء في غلامي، وضربني فيها وجهان: الوجه الأول- الفتح، يقال: غلاميْ، وضربني، والثاني: الإسكان: غلاميْ. ضربنيْ، وذلك للتخفيف، وتشبه ياء القاضي في الوقف.

ولك أن تزيد هاء للمحافظة على حركة الفتح في وجه الفتح نحو: ضربنيه، وغلاميه، وقد جاء هذا الوجه في القرآن: ﴿مَآ أَغۡنَىٰ عَنِّي مَالِيَهۡۜ ﴿٢٨﴾ هَلَكَ عَنِّي سُلۡطَٰنِيَهۡ ﴿٢٩﴾﴾ [الحاقة].

وسكون الياء فيه وجهان في الوقف: الأول إثبات الياء، وهو الأجود فيما لا ينون

نحو ياء القاضي.

والوجه الثاني- حذف الياء، وجاء ذلك في قراءة أبي عمرو: ﴿رَبِّيٓ أَكۡرَمَنِ﴾ ﴿رَبِّيٓ أَهَٰنَنِ﴾ [الفجر: ١٥، ١٦]. ومثل: هذا غلام (غلامي).

وتقف على الضمير المتصل بالسكون في نحو: ضربهمْ، ولهمْ، وكذلك الوقف في هاء الضمير: منه، ضربه بسكون الهاء.

ولك أن تزيد الهاء في «ما» وقفاً والألف في «ما» تثبت في الخط، وتحذف وتبقى حركتها تدل عليها فتقول: حتامَ، فيمَ، علامَ، وإن وقفت عليها، فالأجود أن تزيد فيها هاء السكت على الحركة، فتقول: حتَّامه، وفيمه، علامه.

فقد حذفت الألف من «ما» وبقيت الفتحة دليلاً عليها، فلحقت بها هاء السكت، للوقف عليها ولتسلم الفتحة.

ما لا يصح الوقف عليه:

- لا يصح الوقف على المضاف دون ما أضيف إليه نحو: رحمة الـلـه.
- لا يصح الوقف على المنعوت دون النعت نحو: ﴿ٱلۡحَمۡدُ لِلَّهِ رَبِّ ٱلۡعَٰلَمِينَ﴾.
- لا يصح الوقف على الرافع دون المرفوع، فلا يفصل بين الفعل والفاعل بالوقف نحو: قال الـلـه.
- لا يصح الوقف على المرفوع دون الرافع، وذلك نحو: ﴿ٱللَّهُ خَٰلِقُ كُلِّ شَيۡءٖ﴾ « فلا يفصل بين المبتدأ والخبر بالوقف، فالمبتدأ مرفوع بالابتداء.
- ولا يصح الوقف على المنصوب دون الناصب نحو: ﴿إِيَّاكَ نَعۡبُدُ﴾.
- لا يصح الوقف على المؤكد دون التوكيد نحو قوله تعالى: ﴿ فَسَجَدَ ٱلۡمَلَٰٓئِكَةُ كُلُّهُمۡ أَجۡمَعُونَ ﴾ [الحجر:٣٠].
- ولا يصح الوقف على المنسوق دون ما نسق عليه (المعطوف والمعطوف عليه)، نحو: ﴿لِّلَّهِ مَا فِي ٱلسَّمَٰوَٰتِ وَمَا فِي ٱلۡأَرۡضِ ﴾[البقرة:٢٨٤].

- ولا يصح الوقف على إن وأخواتها دون اسمها نحو: ﴿إِنَّ إِبْرَٰهِيمَ لَحَلِيمٌ أَوَّٰهٌ مُّنِيبٌ ﴿٧٥﴾﴾ [هود:٧٥].

- ولا يصح الوقف كذلك على اسم إنَّ دون خبرها، ﴿إِنَّ رَبَّهُم بِهِمْ يَوْمَئِذٍ لَّخَبِيرٌ ﴿١١﴾﴾ [العاديات].

- وكذلك الحكم في كان وأخواتها، وكذلك ظن وأخواتها نحو: ﴿وَلَا تَحْسَبَنَّ ٱللَّهَ غَٰفِلًا عَمَّا يَعْمَلُ ٱلظَّٰلِمُونَ﴾ [إبراهيم:٤٢].

- ولا يصح الوقف على المستثنى منه دون الاستثناء، ولا على المفسر دون التفسير، ولا على الأسماء الموصولة دون صلتها.

- ولا يصح الوقف على الفعل دون مصدرة نحو قوله تعالى: ﴿وَفَتَنَّٰكَ فُتُونًا﴾ [طه:٤٠].

- ولا يصح الوقف على أحرف الاستفهام دون ما استفهم بها عنه نحو قوله تعالى: ﴿هَلْ تُحِسُّ مِنْهُم مِّنْ أَحَدٍ﴾ [مريم:٩٨].

- ولا يصح الوقف على حرف الشرط دون جملة الشرط وجوابها نحو قوله تعالى: ﴿وَإِن يَأْتِ ٱلْأَحْزَابُ يَوَدُّوا۟ لَوْ أَنَّهُم بَادُونَ فِى ٱلْأَعْرَابِ﴾ [الأحزاب:٢٠].

- ولا يصح الوقف على الأيمان (القسم) دون أجوبتها.

- ولا يصح الوقف على « حيث « دون ما بعدها.

- وخلاصة ذلك أنه لا يجوز الوقف في موضع يترتب عليه ما بعده أو يصله في المعنى أو يلازمه.

* * *

الحركات أو الشكل

الحركات ما يصحب الحرف الأصلي من أصوات ثانوية، ويتحدد نوع الحركة بحركة وسط اللسان نحو سقف، أو حركة مؤخرة اللسان نحو سقف الحنك، وينطق صوت الفتحة إن كان اللسان مستوياً في قاع الفم مع انحراف قليل في أقصاه نحو أقصى الحنك، ويحدث الهواء اهتزازاً في الغشاءين الصوتيين.

وتنطق الكسرة عندما تصعد وسط اللسان نحو وسط الحنك الأعلى، ويترك اللسان فراغاً كافياً لمرور الهواء، ويهتز الوتران الصوتيان دون أن يقع فيه حفيف أو احتكاك، وإشباع الكسرة يتولد عنه ياء، فيصعد وسط اللسان في الياء مسافة أعلى من صعوده في الكسرة القصيرة.

وينتج صوت الضمة بارتفاع أقصى اللسان نحو سقف الحنك، ولا يحدث احتكاك للهواء أو حفيفه ويتذبذب الوتران الصوتيان، وإن ارتفاع أقصى اللسان نحو سقف الحنك أكثر من ارتفاعة في الضمة نتج عن ذلك صوت الواو الخالصة، وأقصى اللسان يقترب من سقف الحنك في نطق الواو، وتأخذ الشفتان شكلاً مستديراً، ويفتح الفك، ولكن يتسع الشدقان في الياء، ويفتح الفك فقط مع الألف.

وترجع أهمية الشكل إلى أنه يميز بين أبنية الكلمة، فيتمكن القارئ من معرفة نوع الكلمة نحو: فَرِح وفَرَح، فالأولى فعل، والثانية مصدر (أو اسم).

وحركة الإعراب في آخر الاسم تعين على معرفة وظيفة الكلمة في التركيب نحو: ضرب محمداً على. فمحمد مفعول به وعلى فاعل وقد بيَّنَ ذلك حركة الإعراب.

ومثل ذلك من القرآن الكريم: ﴿إِنَّمَا يَخْشَى ٱللَّهَ مِنْ عِبَادِهِ ٱلْعُلَمَٰٓؤُاْ﴾ [فاطر:٢٨] فترتيب الكلمات في التركيب لا يكفي في معرفة تحديد أجزائها، فقد يقع تقديم وتأخير، والفيصل حركة الإعراب، ويوجد في العربية ثلاث حركات قصيرة:

الضمة: واو صغيرة فوق الحرف (مثل: بُ)، وهي الرمز الأصلي في الرفع في الإعراب.

وتوضع الضمة فوق الحرف الأخير، لترمز إلى موقع الكلمة في التركيب، وهي عبارة عن ضمتين في الأسماء النكرة، نحو: طالب، ولد، بيت، وكذلك فيما انتهى بتاء التأنيث (هاء التأنيث) نحو: مدرسة حديثة، وجمع المؤنث: حكيمات، معلمات، والأعلام الشائعة التي يكثر تداولها نحو: محمدٌ، عليٌ، زيدٌ، تنون لكثرة شيوعها، ويسمى هذا تنوين، وتمنع بعض الأسماء من التنوين، وترسم ضمة واحدة فوق الحرف الأخير، وذلك في الأسماء التي دخلت عليها «ال» والمضافة، وما كان منها منادى مقصود وغير المنصرف نحو: البيت، الجبل، العباس، الفضل، بيتُ محمد، كتابُ على، يا محمدُ، يا علىُ، عمرُ، يا حمزةُ.

والضمتان في: بيتٌ ومحمدٌ تشبهان النون، ويسمى الاسم منوناً وهذا التنوين لا يكون في الأسماء غير المنصرفة، لأنها لا تنون يقال: عمرُ، يزيدُ، إبراهيمُ، زينبُ، فاطمةُ، حمزةُ، معاويةُ، مصانعُ، مصابيحُ.

ويرفع الاسم المنقوص (الذي آخره ياء لازمه مكسور ما قبلها) بضمة مقدرة في الياء، يقال: جاء القاضي، وتقدر فيه الضمة لثقل نطقها في الياء.

وإن كان الاسم المنقوص نكرة نحو: قاض، ماض، قدرت الضمة في الياء المحذوفة، وقد حذفت الياء، لالتقاء تنوين التنكير - وهو ساكن مع سكون حرف العلة الياء، فالتقي ساكنان، فحذف التنوين، فبقيت الياء ساكنة، وهي متطرفة، فوجب حذفها، وعوض عنها بتنوين العوض، فيقال: جاء قاض.

وتقدر حركة الضمة في الاسم المقصور (ما كان آخره ألف لازمة مفتوح ما قبلها، لأن الألف ساكنة ولا تظهر فيها الحركات الثلاثة، وتتعذر الحركات فيها، وبعض الأسماء المقصورة تنون مطلقاً بالفتحة نحو: رحاً (رحىً)، قفاً، هدىً، هوى ً، غنى ً. وذلك رفعاً ونصباً وجراً في الأسماء النكرة، وبعضها لا ينون نحو: موسى، عيسى، يحيى، وسلمى، وهي أعلام تمنع من الصرف فلا تنون.

وهذا النوع لا تظهر فيه حركات الإعراب البتة، والتنوين في بعضه بالفتح تنوين يلحق النكرات.

رمز الفتحة: الفتحة ألف مضطجعة فوق الحرف، وهي علامة النصب الأصلية،

والنصب في الأسماء النكرة والأعلام الشائعة التي تشبه النكرة لشيوعها، يرمز فيها إلى النصب بفتحتين توضعان على رمز الألف «ا»، وذلك نحو: اشتريت كتاباً وقلماً. رأيت محمداً وزيداً. والألف ليست صوتاً في النطق بل حاملة لرمز النون.

وإن كانت الكلمة المنونة تنتهي بهمزة قبلها ألف المد وضعت الفتحتان على الهمزة نفسها دون رمز الألف الذي يأتي حاملاً لها فقط، ورد العلماء عدم كتابة رمز الألف حاملاً لها؛ لئلا يتكرر رمز الألف مرتين وبينهما همزة، نحو: شربت ماءً، وسافرت شتاءً، وقيل: لأن الألف تنوب عن التنوين في النصب فرسم التنوين على رمز الألف نحو: رأيت زيداً. وإن كان قبل الهمزة واو أو ياء وضعت الفتحتان على رمز الألف لعدم تكرار رمز الألف في آخر الكلمة نحو: ما فعلت سوءاً، توضأت وضوءاً، ورأيت ضوءاً، وسمعت كلاماً بزيئاً ورديئاً، وجاء بطيئاً، واشرب هنيئاً مريئاً. كذلك ياء اللين الساكنة التي لا تسبق بكسرة نحو: ما فعلت شيئاً، وما غللت فيئاً.

وإن كانت الهمزة عارية في آخر الكلمة لا حامل لها ولم تتصل بما قبلها، ولم تسبق بحرف علة وضعت في النصب على رمز الياء المتوسطة ليكون حاملاً لها، وليصلها بما قبلها وبالألف بعدها، فالهمزة لا تتصل بالحروف بنفسها، فاستعان أهل الخط برموز الألف، والواو والياء لتكون حاملة لها في مواضع اتصالها بغيرها، نحو: نشأ، ذئب، التهيؤ. والفائدة التي ترتجى من ذلك إظهار حركة الهمزة، وعلامة الإعراب في بعض المواضع، وسوف نبين ذلك في موضعه، والكلمات: ملء، ودفء، وبطء، وعبء تكتب الهمزة نصباً فيها على رمز الياء المتوسط «يـ» يقال: ملئا، دفئاً، بطئاً، عبئاً، ويكتب التنوين على رمز الألف بعد الهمزة في الكلمات التي لا تتصل بما قبلها نحو: بدءاً، ردءاً.

والفتحة تظهر في الاسم المنقوص، لخفتها على الياء، يقال: جئت سعياً، ورأيت قاضياً، وتقدر الفتحة في المقصور، يقال: رأيت موسى وعيسى.

والتنوين في فتى، وهدى ليس بتنوين إعراب النصب بل تنوين الأسماء النكرة الذي يصحبها في الرفع والنصب والجر، يقال: هذا فتىً، ورأيت فتىً، ومررت بفتىً.

الكسرة: ألف مضطجعة تحت الحرف، ووضعت تحته، لأن الكسرة نقيض الفتح، وهي العلامة الأصلية في الجر.

وتكتب كسرتين تحت الحرف الأخير في الكلمات النكرة والشائعة الدوران نحو: مررت ببيتٍ، وبزيدٍ، ويمتنع تنوين المعرف، والمضاف: ممرت بالبيت وبدار محمد. وغير المنصرف لا ينون ويجر بالفتحة نيابة عن الكسرة وجره بالفتحة علامة فرعية. وجمع المؤنث ينصب بالكسرة منونة، والكسرة فيه علامة فرعية، لأن الفتحة في النصب هي الأصل، قال تعالى: ﴿عَسَىٰ رَبُّهُۥٓ إِن طَلَّقَكُنَّ أَن يُبْدِلَهُۥٓ أَزْوَٰجًا خَيْرًا مِّنكُنَّ مُسْلِمَٰتٍ مُّؤْمِنَٰتٍ قَٰنِتَٰتٍ تَٰٓئِبَٰتٍ عَٰبِدَٰتٍ سَٰٓئِحَٰتٍ ثَيِّبَٰتٍ وَأَبْكَارًا ﴿٥﴾﴾ [التحريم].

وما كان جمع تكسير ينصب بالفتحة المنونة في غير المعرف والمضاف، ويجر بالكسرة المنونة نحو: قضيت أوقاتاً طيبة، ونحو: لا أعبث بأوقات طيبة.

وتقدر الكسرة في الاسم المنقوص لثقل نطقها في الياء يقال: مررت بالقاضي، وإن كانت نكرة قدرت في الياء المحذوفه نحو: مررت بقاضٍ.

وتقدر أيضاً في الأسماء المقصورة لتعذر نطقها في الألف نحو: أنت على هدى، وأنت في رضاً، وأمسكت برحاً. ومررت بموسى وعيسى. وعلمت بأمر الفتى.

التنوين:

التنوين عبارة عن صوت نون خفيفة في النطق، ويلحق آخر الأسماء المنصرفة فقط دون الممنوع من الصرف والأفعال والأسماء المضافة يكون منع التنوين عارضاً للإضافة. وهو في الرفع عبارة عن ضمتين متلازمتين في آخر المرفوع (ٌ) ما لم يكن فيه «ال» التعريف أو مضافاً.

ومثله المجرور، وتكون فيه عبارة عن كسرتين متلازمتين (تٍ)، و يزاد ألف في المنصوب ترسم عليه فتحتان « اً »، وقد زيدت هذه الألف في النصب؛ لأن التنوين فيه يقلب في الوقف ألفاً، فالتنوين في النصب يحذف في الوقف وتخلفه ألف في النطق والرسم أيضاً.

والألف عبارة عن فتحة طويلة في النطق، ويرمز له بخط مستقيم قائم يتناسب مع الخط أو الرسم.

وقد علل عدم إثبات التنوين نوناً في الرسم بكونه ليس من أصل الكلمة أو إنما جاء زائداً لمعنى، فلم يكتب في الرسم نوناً؛ لئلا يلتبس بالنون التي تدخل في بنية الكلمة، ومثل ذلك نون: زمن، وعدن، ويمن. والتنوين في: «ما اشتريت قلماً ولا كتاباً «.

واختلف العلماء في شأن الألف التي خلفت التنوين في النطق، فقيل إنها عوض عنه في الوقف، وقيل بدل منه، وانتهوا إلى أنها كتبت في الرسم ألفاً في حالة النصب دون الرفع والجر؛ لأن الألف تبدل منه في النطق فهو في اللفظ ألف.

والنون الساكنة المفتوح ما قبلها تشبه التنوين في حالة النصب، لأنه يفتح ما قبله، ولهذا الشبه تكتب نون التوكيد الخفيفة في بعض المواضع من الرسم ألفاً، فنون التوكيد يفتح ما قبلها أيضاً، وجاء ذلك في موضعين من القرآن الكريم الأول قوله تعالى: ﴿لَنَسْفَعًا بِٱلنَّاصِيَةِ﴾ [العلق:١٥]. والأصل: « لنسفعن بالناصية «، كتبت نون التوكيد في الخط ألفاً، لأنها أشبهت التنوين، ومثل ذلك قوله تعالى: ﴿وَلَيَكُونًا مِّنَ ٱلصَّٰغِرِينَ﴾ [يوسف:٣٢].

ويرى بعض العلماء أن الألف في كلمة «إذاً « أصلها نون أو مبدلة من نون خفيفة، فوقع فيها مثل ما وقع في نون التوكيد الخفيفة المفتوح ما قبلها، فكتبت بالألف مثل التنوين المنصوب، والأصل «إذن» بالنون، وآخرون يرون أنها تكتب في الرسم ألفاً، لأنها يوقف عليها بالألف، فجاءت مرسومة في المصحف بالألف في مثل: ﴿وَإِذًا لَّا يَلْبَثُونَ خِلَٰفَكَ إِلَّا قَلِيلًا﴾ [الإسراء:٧٦] و ﴿فَإِذًا لَّا يُؤْتُونَ ٱلنَّاسَ نَقِيرًا﴾ [النساء:٥٣]. و ﴿قَدْ ضَلَلْتُ إِذًا﴾ [الأنعام: ٥٦].

فالعلماء فيها فريقان: الأول- يرى أن الأصل فيها النون، والثاني- يرى أن الأصل فيها الألف، والمشهور فيها الألف في الرسم، وهو ما عليه أصحاب الرسم العثماني، ولكن جمهور النحاة يميلون إلى كتابتها بالألف، ويرجع هذا الخلاف إلى أن العلماء وجدوا الوجهين في الخط أو الرسم، وأرى أن الخلاف أتى من التماثل الصوتي التام بين صوت التنوين وصوت النون الخفيفة، وكلاهما مفتوح ما قبله [٥٥].

٥٥ () ارجع إلى رسم المصحف دراسة لغوية تاريخية، غانم قدوري الحمد، منشورات اللجنة الوطنية، بغداد ص ٢٦٥، ٢٦٦.

والتنوين يأتي في حالات الإعراب الثلاثة:

الأولى- تنوين الرفع، وهو ضمتان متلازمتان فوق حرف الإعراب الأخير في الأسماء النكرة، والشائعة، والمنصرفة، قال تعالى: ﴿لَقَدْ جَآءَكُمْ رَسُولٌ مِّنْ أَنفُسِكُمْ عَزِيزٌ عَلَيْهِ مَا عَنِتُّمْ حَرِيصٌ عَلَيْكُم بِٱلْمُؤْمِنِينَ رَءُوفٌ رَّحِيمٌ﴾ [التوبة:١٢٨]. فرسول، وعزيز، وحريص، رءوف، رحيم أسماء نكرة منونة بالرفع، والتنكير للتعظيم في رسول، وللاتساع والكثرة في الصفات.

الثانية- تنوين النصب، ورمز الألف في النصب يحمل التنوين، واختير هذا الرمز؛ لأن الألف تبدل من تنوين النصب في الوقف، قال تعالى: ﴿يَٰٓأَيُّهَا ٱلنَّبِيُّ إِنَّآ أَرْسَلْنَٰكَ شَٰهِدًا وَمُبَشِّرًا وَنَذِيرًا ﴿٤٥﴾ وَدَاعِيًا إِلَى ٱللَّهِ بِإِذْنِهِۦ وَسِرَاجًا مُّنِيرًا ﴿٤٦﴾﴾ [الأحزاب].

الثالثة- تنوين الجر، وهو كسرتان متلازمتان تحت حرف الإعراب الأخير، نحو: مررت بمحمدٍ.

وجمع المؤنث السالم ينون، والتنوين فيه يسمى تنوين المقابلة؛ لأنه يقابل نون جمع المذكر السالم، وجمع المؤنث السالم ينصب ويجر بالكسرة، وينون في الأسماء النكرة.

والتنوين خمسة أنواع:

١- تنوين التمكين: وهو الذي يلحق بالأسماء المعربة، نحو: محمد طالب، ويسمى بذلك، لأنه يدل على تمكن الاسم في الاسمية.

٢- تنوين التنكير: وهو الذي يلحق بالأسماء المبنية ليدل على تنكيرها، وذلك نحو: سيبويه، منونة وغير منونة، فإن نونت دلت على غير معين، فهي تعني كل رجل يسمى بهذا الاسم، وإن كانت غير منونة، فالمراد بها سيبويه (عالم النحو)، أو شخص معين. ونحو إيهْ، فإيهٍ، أيه مكسورة بغير تنوين اسم فعل للاستزادة من حديث أو عمل معهود، فإذا نونتها كانت للاستزادة من حديث أو عمل ما غير معين، وتكون للإسكات والكف، بمعنى حسبك. وتنون منصوبة، فتقول: إيهاً وتعني: لا تُحَدِّث.

٣- تنوين المقابلة: وهو الذي يلحق جمع المؤنث السالم، فيقابل النون في جمع المذكر السالم، نحو: مررت بحكيمات فضليات.

٤- تنوين العوض: وفيه ثلاثة أنواع:

الأول- عوض عن الحرف، نحو التنوين الذي يأتي عوضاً عن حرف العلة، نحو جوارٍ، أو غواشٍ، زنة فواعٍ، وهما ممنوعان من الصرف، و التنوين في الرفع والجر دون النصب؛ لأن الفتحة تظهر على الياء، يقال: هذه جوار، مرت بجوارٍ، ورأيت جواري دون تنوين، لأنها ممنوعة من الصرف، وقال تعالى: ﴿لَهُم مِّن جَهَنَّمَ مِهَادٌ وَمِن فَوْقِهِمْ غَوَاشٍ﴾ [الأعراف:٤١].

الثاني- تنوين عوض عن الاسم المضاف إلى اسم تلزمه إضافة: وهو الذي يلحق « كل» و»بعض»، قال تعالى: ﴿ قُلْ كُلٌّ يَعْمَلُ عَلَىٰ شَاكِلَتِهِۦ﴾ [الإسراء:٨٤] أي: كل إنسان، فحذف إنسان وعوض عنه بالتنوين.

الثالث- تنوين عوض عن الجملة: وهو الذي يلحق «إذ»، وهي كلمة مبنية على السكون، تكون ظرفاً لحدث ماض، وتضاف إلى جملة فعلية ماضية أو مستقبلية، أو إلى جملة اسمية، ففي التنزيل العزيز: ﴿إِلَّا تَنصُرُوهُ فَقَدْ نَصَرَهُ ٱللَّهُ إِذْ أَخْرَجَهُ ٱلَّذِينَ كَفَرُوا۟ ثَانِىَ ٱثْنَيْنِ إِذْ هُمَا فِى ٱلْغَارِ إِذْ يَقُولُ لِصَٰحِبِهِۦ لَا تَحْزَنْ إِنَّ ٱللَّهَ مَعَنَا﴾ [التوبة:٤٠] فإن حذفت جملة الإضافة عوض عنها تنوين إذ وتكسر، نحو قوله تعالى: ﴿فَلَوْلَآ إِذَا بَلَغَتِ ٱلْحُلْقُومَ ﴿٨٣﴾ وَأَنتُمْ حِينَئِذٍ تَنظُرُونَ ﴿٨٤﴾﴾ [الواقعة]. أي حين إذ بلغت الروح الحلقوم، فحذفت الجملة وعوض عنها بتنوين «إذ».

* * *

حركة المد

وهي صوت الهمزة يليه صوت الألف ممدوداً، ويرمز لهما معاً بصوت واحد في الخط (آ)، وهذه المدة قد يكون أصلها همزتين أو همزة وألف، فالهمزتان نحو: آمن، آخذ، آكل. فهذه الأفعال زنة أفعل، والمضارع منه:آمنُ، آخذُ، آكلُ، فالأصل: أأمنُ، أأخذُ، أأكلُ. وقد خففت الهمزة الثانية ألفاً: أامن، أاخذ، أاكل، ثم أدغمت الألف في الهمزة فصارت: آمن، آخذ، آكل.

وقد يكون الأصل همزة وألف، وذلك يكون في اسم الفاعل من الأفعال: أمن، أخذ، أكل: يقال: آمِن، آخِذ، آكِل، زنة فاعل، فالأصل أامِن، أاخِذ، أاكِل، ثم أدغمت الألف في الهمزة.

وتأتي همزة المد في المواضع التالية:

مضارع الفعل الماضي الذي أوله همزة (فاؤه همزة)، وأسند إلى المفرد المتكلم، نحو: آكل، آخذ. وقعت الهمزة الثانية ساكنة في صيغة «أفعل «، فخففت ألفاً ثم أدغمت في الهمزة.

* اسم الفاعل من مهموز الفاء نحو: آخِذ، آكِل.

* إذا اجتمعت همزة الاستفهام مع "ال" التعريف نحو: قوله تعالى "ءَآللَّهُ أَذِنَ لَكُمْ» و "ءَآللَّهُ خَيْرٌ أَمَّا يُشْرِكُونَ ». ولكنها لا تمد إن دخلت على همزة قطع نحو: أأنت يوسف ؟

* إذا تلتها ألف الجمع في وزن مفاعل نحو: مآثر جمع: مأثور، فالأصل (مأاثر). ومثلها: مآذن، جمع مئذنة، ووزن مفاعلات نحو: مكافآت، مفردها مكافأة، والأصل: مكافأات.

* مثنى الأسماء التي وقعت الهمزة موضع اللام فيها أو آخرها نحو: مبدأ، خطأ، منشأ، نبأ. يقال في حالة الرفع: مبدآن، خطآن، منشآن، نبآن، تلت الألفُ الهمزةَ، فأدغمت فيها، وذلك في الرفع دون النصب، والجر يقال فيهما: مبدئين، خطئين... فالألف لم تل الهمزة.

حروف العلة والمد واللين

الإعلال (عند الصرفيين): ما يصيب بعض الأحرف من تغيير أو حذف، والأحرف التي يقع فيها تغيير أو حذف قياسي: الألف والواو والياء، وتعرف بحروف العلة، واختلف العلماء في الهمزة، فبعضهم يدخلها في حروف العلة لما يقع فيها من تخفيف أو قلب أو حذف، وبعضهم يدخلها في الحروف الصحيحة، لعدم وقوع المد أو الإشباع فيها وعدم شيوع القلب أو الحذف فيها على نحو ما يقع في الأحرف الثلاثة الألف والواو والياء، والمشهور بين العلماء أن حروف العلة (الألف، والواو، والياء).

والتغيير الذي يقع في هذه الأحرف يسمى إعلالاً، وله ثلاث صور :

الأولى- إعلال بالقلب: قلب أحد حروف العلة أو الهمزة حرفا آخر من هذه الأحرف، مثل : سماء، الأصل: سماو، فقلب حرف العلة (الواو) همزة لتطرفه بعد ألف المد، ومثلها: دعاء، أصلها: دعاو، وأصل ـ قضاء: قضاى، قلبت الياء همزة لتطرفها بعد ألف المد وزيدت الألف قبل آخر قضى، ومثل: رضا ورضاء ورضوان، أصلها: رضو، ورضاء وزن فعال، ورضوان زنة فعلان، قلبت الواو همزة، لتطرفها بعد ألف. والإعلال في الأفعال، ومثل: صام، وقام، ونام، الأصل: صوَمَ، قوَمَ، نوَمَ، ومثل: زاد وباع، الأصل: بيع، زيد، تحرك ما قبل الياء بالفتح، فقلبت الياء ألفاً، والهمزة تخفف واواً، وياء وألفاً في: سُؤْر، بئر، فأس: يقال: سور،، بير، فاس.

الثانية- الإعلال بالتسكين: تسكين حرف العلة بعد نقل حركة المعتل إلى الساكن قبله، مثل: يقوم، الأصل: يقوم (نظير يَنْصُر)، فما بعد حرف المضارعة ساكن، فاستثقلت الضمة في الواو، فانتقلت إلى الساكن قبلها، وسكنت الواو، فسهل نطق الواو، ومثل: يزيد، أصلها: يزيد، (نظير: يضرب) فقد استثقلت الكسرة في الياء، فانتقلت إلى الساكن قبلها، وسكنت الياء، فسهل نطقها.

الثالثة- إعلال بالحذف: حذف حرف العلة تخفيفاً أو للتخلص من التقاء الساكنين، مثل الحذف الذي يقع في مضارع الفعل المثال (معتل الفاء)، وذلك نحو: يعد: أصله: يوعد، حذفت الواو تخفيفاً، والمصدر منه "عدة" و "وعد"، ومثلها: وزن، أصله: يوزن،

والمصدر "زنة "، ومثله الأمر من معتل الفاء نحو: وعد، وزن يقال: عد، زن، والأصل: اوعد، اوزن، بحذف حرف العلة، فحذفت همزة الوصل لانتفاء سبب وجودها، وهو سكون أول الفعل لعدم جواز الابتداء بالساكن.

والحذف الذي يقع لالتقاء الساكنين، وذلك في المجزوم نحو: لم يقم، لم ينم، والأمر قم، نم، وقع حذف في عين الأفعال، لسكون الحرف الأخير، فالتقى ساكنان: حرف العلة، والحرف الأخير، فحذف حرف العلة.

والحذف الذي يقع في الأسماء النكرة في الرفع والجر دون النصب مثل: قاض، ماض، داع، والأصل: قاضي، ماضي، داعي، التقى تنوين التنكير مع حرف العلة الساكن، فحذف حرف العلة، وعوض عنه بتنوين العوض.

وحرف العلة يقع في أول الكلمة نحو: ولد، يد، ولا تقع الألف أولاً- لسكونها وعدم قبولها الحركة، والعربية لا تبدأ بحرف ساكن، و الواو والياء تقبلان الحركات دون الألف نحو: وُدّ، وَلد، وِلدان، يَد، يُؤذى، معايِش.

وتقسم الأفعال باعتبار حرف العلة فيها إلى:

مثال: وهو الذي يقع حرف العلة في أوله نحو: وعد، وزن.

أجوف: وهو معتل العين نحو: قال، باع.

اللفيف وفيه نوعان: لفيف مقرون، ولفيف مفروق، اللفيف المقرون: الذي اقترن فيه حرفا العلة نحو: قوى، غوى، لوى.

واللفيف المفروق: الذي لم يقترن فيه حرفا العلة أو فرق بينهما حرف نحو: وعي، ولى، وفي.

ويقسم الاسم- باعتبار آخره — إلى صحيح ومعتل، فالصحيح ما خلا آخره من حروف العلة، والمعتل: ما وقع حرف العلة آخره، وفيه نوعان: الأول - اسم منقوص: هو كل اسم آخره ياء خفيفة، قبلها كسرة، و سمي منقوصاً؛ لأنه نقص حركتين من حركات الإعراب، وهما الضمة والكسرة، ولذلك يقدران فيه، وأمثلته: القاضي،

الساعي، وتظهر الفتحة فيه لخفتها على الياء.

والثاني- الاسم المقصور: وهو اسم كان آخره ألف ملساء (لا تتبعها همزة)، ويأتي في أحوال إعرابه على حالة واحدة وتقدر فيه الحركات، وفيه قسم يدخله التنوين نحو: رحى، قفاً، ندىً. وقسم لا يدخله التنوين، إما لكونه معرفاً بالألف واللام، مثل: الحيا، الندى، والحصى، العصا. وإما لكونه لا ينصرف، مثل: موسى، عيسى، سلمى، سعدى، دنيا، أخرى.

ويدخل في أحرف العلة ما يعرف بحروف المد، واللين.

المد: إشباع مد الصوت بالحرف المنطوق، فهو في الصوت لا الخط، وله رمز في مد الألف فقط « آ » إن تلا الهمزة نحو: آمين.

ويتحقق المد في ثلاث أصوات: الألف والواو والياء، إن سبقت بحركة من جنسها أو حركة تجانسها، والحركات التي تجانس هذه الأصوات مرتبة: الفتحة، والضمة، والكسرة، وقيل إن: الفتحة بعض الألف، والضمة بعض الواو، والكسرة بعض الياء، وقيل العكس: الألف إشباع الفتحة، فهي الأصل، والواو إشباع الضمة، والياء إشباع الكسرة.

والألف في كل أحوالها صوت مد، ويلزمها فتح ما قبلها دائماً، لإظهار صوتها، ويظهر صوتها ومدها قبل الحرف الذي يوقف عليه المضعف نحو: عباد، البلاد، أوتاد.

ولا تقع ألف المد أول الكلمة ؛ لأنها صوت ساكن دائماً، والعربية لا تبدأ بساكن، وحروف المد جميعها ساكنة، فإشباع المد يوازي السكون، لعدم صحة الإتيان بالحركات الثلاث فيه.

والواو تأتي ساكنة ومتحركة، فإن كانت ساكنة، وقبلها ضمة، فهي حرف مد، فالضمه قبلها هي التي تمكن المتكلم من إشباع مد صوتها نحو: يقول، رسول، وواو المد لا تقع في أول الكلمة ؛ لأنها ساكنة، والعربية ولا تبدأ بساكن.

وإن كانت متحركة فلا تمد، وتصح فيها الحركات الثلاث، وتأتي أولاً، ووسطاً،

وآخراً نحو: وَعي، غوى، دلوٌ: يقال: هذا دلو، واشتريت دلواً، ومررت بدلوٍ. ونلاحظ أن الواو المتحركة لا تمد، وتقبل الحركات.

وقد تقع الواو ساكنة ولا تسبق بضمة تجانسها نحو: قول، غَوْل، فليست بحرف مد؛ لأنها لا تمد في الصوت، فالمد يلزمه حركة من جنس الصوت تعين على مده، نحو: رسول، والواو في « قَوْل « حرف لين وليست بمد.

والياء مثل الواو ساكنة ومتحركة، فإن كانت ساكنة مسبوقة بكسرة فهي مد نحو: سمِيع، عليِم، وهذه الياء الساكنة لا تقع أولاً- لسكونها، ومجيء الكسرة قبلها يعين على إشباع مدها.

وإن كانت ساكنة غير مسبوقة بكسرة، فهي صوت لين نحو: بيت، زيت، بيع، وإن تحركت الياء فليست مداً ولا ليناً، وتقع في كل مواضع الكلمة نحو: يَبْس، يَزيد، مكيال ، عِيَال.

اللين: السهولة والانقياد، ويطلق على أحرف العلة الساكنة؛ لأنها تخرج سهلة وهي ساكنة، لاتساع مخرجها، والألف، والواو، والياء تسمى حروف لين، وهي ساكنة سواء سبقت بحركة تجانسها أو لم تسبق بها، فلا يشترط في اللين حركة تجانس حرف العلة، ولكن يشترط سكون حرف العلة.

والألف في عامة أمرها: حرف مد ولين ؛ لأنها تسبق بحركة تجانسها دائماً، وهو شرط المد، وساكنة دائماً، وهو شرط اللين.

والواو قد لا تسبق بحركة من جنسها، فتكون ليناً فقط نحو: قَوْل، غول.

والياء مثل الواو، وإن سبقت بحركة من جنسها فهي مد، وإن لم تسبق بكسرة من جنسها، فهي لين فقط نحو: بيت، زيت.

واللين أعم من المد ؛ لأنه شمله، فكل مد لين، وليس كل لين مداً، و سميت حروف المد واللين ؛ لأنها تخرج بامتداد ولين من غير كلفة على اللسان لاتساع مخرجها.

وإن تحركت الواو والياء، فليست بمد ولا لين بل حرفي علة فقط، فالواو في «طويل،

ولد، وعد « حرف علة ، والياء في « مِكيَال «، و « يُسر « حرف علة فقط. والعلة أعم من المد واللين ؛ لأنها شملتهما.

وقال سيبويه في وصف صفات الأصوات الألف والواو والياء « ومنها اللينة « ، وهي الواو والياء؛ لأن مخرجهما يتسع لهواء الصوت أشد من اتساع غيرهما، كقولك: وَأيٌ ، والواو. وإن شئت أجريت الصوت ومددت.

ومنها الهاوي، وهو حرف اتسع لهواء الصوت مخرجه أشد من اتساع مخرج الياء والواو ؛ لأنك قد تضم شفتيك في الواو، وترفع في الياء لسانك قبل (الحنك)، وهي الألف[٥٦].

الحروف التي يقع فيها قلب:

يقع قلب في الحروف، فيبدل حرف من حرف، ويقع القلب القياسي في أحرف العلة والهمزة، ويقع في غيرها على غير قياس، ونتناول القلب القياسي المطرد، ونبين أحكامه فيما يأتي:

قلب الواو همزة:

تقلب الواو همزة في المواضع الآتية :

١- أن تقع الواو بعد ألف الجمع، و الواو حرف مد زائد في المفرد، نحو: عجوز: عجائز، والأصل عجاوز، وقعت الواو زائدة بعد ألف الجمع، فقلبت همزة، ونحو: قلوص (الناقة الشابة): قلائص، زنة: فعائل، وإن لم تكن الواو حرف مد ساكن فلا تقلب في الجمع نحو: معول: معاول، وإن كانت الواو أصلية، فلا تقلب فى الجمع نحو: جدول: جداول، ومثل: مغارة: مغاور، ومنارة: مناور، فأصل الألف فيهما واو، ولا تقلب واو مجوَر في مجاور، لأنها متحركة، وشذ جمع مصيبة على مصائب، فالقياس مصايب، فالواو في محاور ليست حرف مد زائد. ومثلها واو مِحْوَر تصح في الجمع محاور.

٥٦ () الكتاب ، ط الخانجي ، ٤/٤٣٥، ٤٣٦.

٢- أن تقع الواو في موضع العين في اسم الفاعل من الثلاثي، نحو: قال يقول: قائل، والأصل: قاول، وحال يحول: حائل، وصام يصوم: صائم، خان يخون: خائن. والقاعدة إذا تلت واو مكسورة أو ياء ألف فاعل في الثلاثي قلبتا همزة.

٣- أن تقع الواو متطرفة بعد ألف مد زائدة، فتقلب همزة، نحو: سما، يسمو: سماء، والأصل: سماو، تطرفت الواو بعد ألف زائدة، فقلبت همزة. ونحو: دعا: دعاء، ورجا: رجاء. نما: نماو، نماء، وصغا: صغاو: صغاء. ومثلها: إبداء (إبداو)، واعتداء (اعتداو).

٤- أن تجتمع في أول الكلمة واوان، والثانية متحركة، فتقلب الأولى همزة لوقوعها أول الكلمة، وهذا يقع في كل جمع على وزن فواعل لمفرد أوله واو نحو: واصلة: أواصل، والأصل: وواصل، اجتمعت في أول الكلمة واوان الواو الأولى من الكلمة (فاؤها)، والثانية واو الجمع، فقلبت الأولى همزة ولم تقلب الثانية ؛ لأنها واو الجمع في "فواعل "، ومثل: واقية: الأواقي (أو أواقٍ)، ومثلها: جمع الواعية: الأواعي، والأصل: الوواعي توالت واوان في أول الكلمة والثانية متحركة، فقلبت الأولى همزة، وهي زنة فواعل.

ويقاس على ذلك كل واوين تصدرتا كلمة نحو: أُوَل جمع أولى، والأصل: وُوَل، توالت واو أول الكلمة، والثانية متحركة، فقلبت الواو الأولى همزة، ومثل ذلك: أُوْلى (مؤنث أول)، الأصل: وُوْلى اجتمع واوان في أول الكلمة، والأولى متحركة والثانية ساكنة، فقلبت الأولى همزة.

وتقلب الياء همزة في المواضع الآتية :

١- أن تقع الياء بعد ألف الجمع، وهي حرف مد زائد ليس من أحرف الكلمة الأصلية، وذلك نحو: صحيفة، يقال في جمعها «صحائف »، ونحو : غريزة: غرائز، والأصل: صحايف، وغرايز ، ولكن لا تقلب الياء همزة إن كانت من أحرف المفرد الأصلية. نحو: معيشة يقال: معايش، وجاء ذلك في قوله تعالي: ﴿وَجَعَلْنَا لَكُمْ فِيهَا مَعَايِشَ﴾ [الأعراف:١٠] فالأصل: عاش يعيش عيشاً. ومثلها: مكيدة: مكايد، ومسيل الماء:

مسايل، ولا تقلب كذلك إن لم تكن. الياء حرف مد، وذلك نحو أطيب أفعل التفضيل من طاب يجمع: أطايب، بإبقاء الباء دون أن تقلب همزة ؛ لأنها متحركة، فليست مداً وليست زائدة.

٢- أن تقع الياء في موضع العين من اسم الفاعل أو تقع وسطاً، وتسبقها ألف فاعل، وذلك في الثلاثي نحو: باع، يبيع، بيعاً، واسم الفاعل منه: بائع، والأصل: بايع: وقعت الياء عيناً لاسم الفاعل من الثلاثي، فتلت ألف المد، فقلبت همزة، والقاعدة: إذا وقعت الياء أو الواو موضع العين بعد ألف مد في وزن « فاعل « قلبت (الياء أو الواو) همزة، نحو: مال: مائل، حاد: حائد.

٣- أن تقع الياء متطرفة بعد ألف زائدة، فتقلب همزة، ويغلب ذلك في المصادر نحو: بنى: بناء، والأصل: بناى، تطرفت الياء بعد ألف زائدة، فقلبت همزة، نحو : جزى: جزاء، و بكى: بكاء، فأصل الألف ياء، فالمضارع: يبني، يجزي، يبكي.

٤- أن تقع الياء بين ألف وياء أخرى مشددة، فتقلب همزة لئلا تتكرر الياءات أو لتوالى ثلاث ياءات في كلمة (الياء المضعفة ياءان)، وياء النسب مضعفة، وذلك نحو: غائي، والأصل: غاييّ، قلبت الياء همزة لوقوعها بين الألف وياء النسب المشددة.

قلب الهمزة ألفاً:

تقلب الهمزة ألفاً في المواضع الآتية :

١- أن يسبق الفعل الذي أوله همزة بهمزة صيغة « أفعل «، فتتعاقب همزتان الأولى متحركة بالفتح والثانية ساكنة، فتقلب الثانية ألف مد من جنس حركة الأولى (الفتحة)، ثم يرمز لها في الخط بألف عليها رمز المد « آ «، وذلك نحو: أمن، أخذ، أتى، ويبنى منها أفعل على النحو الآتي: آمَنَ، آخذَ، آثرَ، آتى، زنة « أفعل «، والأصل: أأمن، أأْخَذَ، أأْثر، أأْتي، ومثل ذلك يقع في الأمر منه يقال: آمَن: والأمر منه: آمِنْ، مثل: أَحْسَنَ: أَحْسِنْ. والأصل. أأْمِنْ.

٢- أن يسبق الفعل الذي أوله همزة بهمزة المضارعة، وذلك في الفعل الثلاثي المسند إلى ضمير المتكلم المفرد، نحو: أَكَل: آكل، والأصل: أأْكل، أَمَرَ: آمُرُ. أَخَذ: آخذ.

وتوجد صيغ في الماضي - تشبه المضارع ـ ولم يقع فيها قلب في الهمزة، ويقع مثل ذلك في وزن فاعَلَ من الفعل الثلاثي الذي أوله همزة نحو: أكل مثل:" آكلَ محمد علياً"، أي شاركه في الطعام، وآكل وزن فاعل، "وآخذه في القول"، عاتبه، فالألف الثانية ألف زائدة في صيغة " فاعل " في مثل: شارك، عاون، آخذ، آمنَ أعطاه أماناً، وآخى، آزر، آسى (زنة فاعل)، والمضارع من فاعَلَ يفاعل: يقال: يؤاخذ، يؤامن، يؤاخي، يؤازر، يؤاسي زنة يفاعل وفصل بين الهمزة والألف؛ لأن الهمزة الأولي من أصل الكلمة، والألف زائدة لبناء الوزن "فاعل" من فعل للدلالة علي المفاعلة، فالمصدر منه مؤاخذة، ومؤامنة، ومؤاخاة، والمضارع من الثلاثي المزيد بحرف الهمزة في أوله تحذف الهمزة منه تخفيفاً لثقلها، ويأتي علي وزن يُفعِل بضم حرف المضارعة، فالمضارع من الرباعي يضم أوله نحو: آمن زنة أفعل يُؤْمِن، آثر: يؤثر : مثل : أحسن يحسن، فالهمزة التي في المضارع هي فاء الفعل، وقد حذفت الهمزة الزائدة في الماضي، ولم تحذف التي في فاء الفعل. وألف المد: آخذ، آمن، آكل، ليست الألف الثانية منقلبة عن همزة بل هي ألف زائدة مثل: ألف فاعل، التي زيدت للدلالة على التعدية وألف تفاعل للمشاركة.

وبعض أبنية الأفعال المهموزة يمكن أن تحتمل وزنين نحو: آنس، يجوز أن يكون على وزن "أفعل"، ومضارعه يؤنس، مثل أحسن: يحُسن وزن يُفْعِل، ويجوز أن يكون على وزن فاعل، ومضارعهُ يُفَاعل نحو: آنس: يؤانس. ونحو: آلف: يحمل أفعل، وفاعل، الأول مضارعه:يُؤَلِّف. والمصدر منه: إيلاف، والأصل: إئلاف خففت الهمزة ياء مثل: أحسن إحسان، ومثل: إيذاء، إيتاء، إيواء، إيثار. والثاني: مضارعه يؤالف، والمصدر مؤالفة،ومثله: آجر (آي أعطاه أجراً) وزن أفعل: يُؤجر (زنة يُفْعِل): ومضارع " فاعل " منه: يؤاجر (زنة يفاعِل)، لم يقع في وزن فاعل قلب للهمزة.

قلب الواو ألفاً

تقلب الواو ألفاً في المواضع الآتية :

١- أن تكون الواو ثانية في الثلاثي وتحركت بالفتح وفتح ما قبلها نحو: صان، والأصل: صون تحركت الواو بالفتح وفتح ما قبلها، فقلبت ألفاً، ومثلها: قام، والأصل: قَوَم، وتقلب الواو ألفاً إن وقعت آخراً بعد فتحة نحو: محا، والأصل: مَحَو، ومثله: ناجَى،

والأصل: ناجَوَ، وتسامَى أصلها: تسامَوَ.

٢- وتقلب الواو ألفاً في الأسماء أيضا نحو: تاج أصلها توج . عادة: عَوَدة، ومثلها، جمع: قائد، وسائس أصل الهمزة واو، يقال في الجمع : قادة، ساسة، والأصل: قَوَدة، وسَوَسة. وجمع: غازٍ، وقاسٍ، وربوة، يقال: غزاة، قساة، رباة، والأصل: غُزوَة، قُسْوَة، ورُبَوَة.

٣- أن يكون ما قبل الواو ساكناً والواو متحركة بالفتح، فتنتقل حركة الفتحة فيها إلى الساكن قبلها، فتقع الواو ساكنة بعد فتحة، فتقلب ألفاً يقع في كل فعل ماض أجوف ثلاثي مزيد بالهمزة مبني للمعلوم، نحو: أعاد، والأصل: أعْوَد، وزن أفعل مثل: أحْسن، انتقلت حركة الفتحة إلي الساكن قبلها، فتحرك بالفتح، فقلبت الواو ألفاً فصار : أعاد، وأمات (أمْوَت)، ومثله: استقام، والأصل: اسْتَقْوم: استقام، ومثله: استعاد (استعْوَد). ومثله: استباح، استشار.

* ويقع أيضاً في كل فعل مضارع أجوف عينه ألف أصلها واو وماضيه ثلاثي مجرد - والفعل مبني للمعلوم، أو للمجهول - نحو: خاف، يخاف، والأصل: يَخْوَف، انتقلت الفتحة من الواو إلي الساكن قبلها، فقلبت الواو ألفاً، ونحو: صَان، يصون، والمبني للمجهول: يُصَان، فانتقلت حركة الواو إلي الساكن قبلها، فقلبت ألفاً، ومثله يغاث (يغوث)، ومثله وزن مفعلة نحو: مغارة (مغْورة) ومَفْعل نحو: مَعَاد (مَعْوَد).

* ويقع مثل ذلك في كل مضارع مبني للمجهول على وزن يستفعل ؛ لأنه يفتح ما قبل آخره نحو: يستعاد، والأصل: يستعود، فانتقلت الفتحة إلى الساكن قبلها، فقلبت ألفاً.

* وكل اسم من الأجوف على وزن مفعل (اسم المكان والزمان) نحو: طاف: مطاف، والأصل: مطوف، فانتقلت الفتحة إلى الساكن قبلها، فقلبت ألفاً. ومثل ذلك: مزار (مَزْوَر).

* كل اسم مفعول من الثلاثي الأجوف الذى عينه واو وأوله همزة زائدة نحو: أذاب: مُذاب، والأصل: مذْوَب: فانتقلت الفتحة من الواو إلى الساكن قبلها فصار مُذَوْب، سبقت الواو بفتحة، فقلبت ألفاً، فصار " مُذَاب "، مثله: أراد: مُرَاد، وأراق: مُرَاق،

أهان: مُهان. ويقع مثله في اسم الزمان أو المكان من أفعل الذي عينه واو نحو: أعاد، أذاب: مُعَاد، ومُذاب، وأراد: مُرَاد. ومثله في وزن "استفعل" الذي عينه واو تقلب الواو ألفاً في اسم المفعول على وزن مُستفَعْل، نحو استعان: مُستعان (مُسْتعْوَن)، واسمى المكان والزمان مثله "مُسْتعان "فهما يأتيان على بناء اسم المفعول.

قلب الياء ألفاً

تقلب الياء ألفاً في المواضع الآتية :

١- أن تتحرك بالفتح ويفتح ما قبلها، ويقع ذلك في الأفعال والأسماء على سواء نحو: سار، والأصل: سير، تحركت الياء بالفتح، وفتحت السين قبلها، فقلبت الياء ألفاً سار، ومثله: نال (نول)، وناب (ينوب)، وكذلك في آخر الفعل نحو: أبكى، افترى، استلقى الأصل في الألف أن تكون ياء، فتحرك ما قبلها بالفتح؛ وتحركت الياء بالفتح؛ لأن آخر الماضى مبنى على الفتح، والفتحة تظهر على الياء، فقلبت الياء ألفاً في النطق.

ويقع مثل ذلك في الخماسي وزن « استفعل " نحو: استهدى، والأصل (استهدى) (بالياء)، وكذلك في «افتعل» نحو: اختار، والأصل (اختير) تحركت الياء بالفتح، وفتح ما قبلها فقلبت ألفاً.

ويقع مثل ذلك في الأسماء نحو: بُنَاة (بنية)، ومُشَاة (مشية)، وعُصَاة (عصية)، ورماة (رمية) تحركت الياء بالفتح وفتح ما قبلها، ومثل: باعة (بيعة).

٢- أن تكون الياء مفتوحة، وما قبلها ساكن، فتنتقل الفتحة إلى الساكن قبلها، فتقلب الياء ألفاً، ويقع ذلك فيما يأتي:

- كل فعل ماض أجوف ثلاثي مزيد بهمزة في أوله مبني للمعلوم نحو: أباد، والأصل: أبيد، تحركت الياء بعد سكون، فانتقلت فتحتها إلى الساكن قبلها فصارت "أباد"، ومثله: أمال (ميل زنة أفعل)، وأضاف (أضيف).

- كل فعل ماضٍ عينه ياء على وزن استفعل مبني للمعلوم نحو: استضاف، والأصل: استضيف، سكن ما قبل الياء وهي مفتوحة، فانتقلت الفتحة إلى الساكن قبلها،

فقلبت الياء ألفاً لانفتاح ما قبلها، ومثله: استفاد (استفيد)، واستزاد (استزيد).

- كل فعل ماضٍ عينه ألف أصلها ياء مبني للمعلوم، ماضيه ثلاثي مجرد، نحو: هاب، يهاب، والأصل: يَهْيَب، انتقلت حركة الياء إلى الساكن قبلها، فتحرك بالفتح، فقلبت الياء ألفاً، نحو: يهاب، أصله: يهيب، ونحو: يضاف (يضيف).

- كل فعل مضارع مبني للمجهول من الماضي على وزن استفعل نحو: يُسْتَمَال، وأصله: يستميل، سبقت الياء المتحركة بساكن، فانتقلت فتحتها إليه، فانقلبت ألفاً، لانفتاح ما قبلها، ونحو: يُستزاد (يستزيد).

- كل اسم على وزن مَفْعَل من الماضي الأجوف المجرد، وأصل عينه ياء، نحو: معاش، أصلها (مَعْيَش) تحركت الياء بالفتح، وقبلها ساكن، فنقلت الفتحة إلى الساكن قبلها فقلبت الياء ألفاً، لانفتاح ما قبلها، ومثلها: مسار (مسير).

- اسم المفعول على وزن أفعل فيما كانت عينه ياء نحو: أضاف: مُضاف، وأصله: موضيف، فحذفت الهمزة، وانتقلت فتحة الياء إلى الساكن قبلها، فقلبت الياء ألفاً.

ومثله: اسم المفعول من استفعل نحو: استمال: مستمال، والأصل: مُسْتَمْيَل، فانتقلت فتحة الياء إلى الساكن قبلها، فقلبت الياء ألفاً.

قلب الهمزة واواً

وتقلب الهمزة واواً في المواضع الآتية :

١- أن تتوالى همزتان في أول الكلمة والأولى منهما مضمومة والثانية ساكنة، فتقلب الثانية واواً من جنس حركة الأولى، ويقع ذلك في المبنى للمجهول من أفعل، نحو: آمن: أومن، والأصل: أؤمن، زنة أفعل وقعت الهمزة الثانية ساكنة بعد الهمزة الأولى، فقلبت الهمزة الثانية واواً ؛ لأن ما قبلها مضموم، ومثل: آثر: أُوثر، وآتى: أُوتى. وآذى: أُوذى.

٢- أن تسبق همزة المضارعة التي تأتي في إسناد الفعل للمتكلم قبل فعل على وزن أفعل أصله ثلاثي أوله همزة نحو: آثر، آتى فمضارعه: أُوثر، أُوتى، والأصل: أُؤثر، أُؤتى،

قلبت الهمزة الثانية واواً.

٣- أن تقع الهمزة بين ألفين، فيجتمع ما يشبه ثلاث ألفات، وهذا مكروه في العربية، فتقلب الهمزة الوسطى واواً ليشاكل الجمع لفظ المفرد، مثل: هراوة (العصا) جمعها: هراوي، والأصل: هرائو، زنة: فعائل، فتحت الهمزة بعد الألف، فصارت هراءو، فقلبت الواو الأخيرة ألفاً لتحركها وانفتاح ما قبلها، فصارت هراءا، والهمزة تشبه الألف، فاجتمع في الكلمة ثلاث ألفات فتقلب الهمزة واواً لئلا تتوالى ثلاث ألفات فصارت هراوي، زنة: فعائل.

ومثل ذلك: إداوة (إناء صغير يحمل فيه الماء) يجمع على فعائل يقال: إدائو (من أدو) فتقلب الكسرة فتحة لوقوعها بين الألف والواو المتحركة، فتقلب الواو الأخيرة ألفاً لانفتاح ما قبلها: إداءا، فتقلب الهمزة واواً لئلا تتوالى ثلاث ألفات، فصارت أداوى، وزن فعائل.

قلب الألف واواً

تقلب الألف واواً في المواضع الآتية :

١- أن تقع بعد ضمه في الفعل المبني للمجهول نحو: حاكَم، يبنى للمجهول يقلب الألف واواً لمناسبة الضمة في أوله، فيقال: حُوكِم، ومثل ذلك: شارك محمد علياً يقال: شُورك على.

٢- أن تقع بعد ضمة في أول الاسم المصغر نحو: كاتب، يقال: كُويتب، قلبت الألف واواً لمجيئها بعد ضم الكاف في التصغير، ومثل ذلك: شاعر: شويعر، وعالم: عويلم .

٣- أن تقع الألف قبل ألف الجمع، ويقع ذلك في وزن "فاعل" الذي يجمع على فواعل نحو: كاهل، يقال: كواهل، كذلك وزن فاعلة نحو: شاعرة، قاعدة، يقال في الجمع: شواعر، قواعد، جاءت ألف الجمع ثالثة بعد ألف المفرد الثانية الزائدة، فقلبت ألف المفرد الثانية واواً قبل ألف الجمع الثالثة.

٤- أن تقع الألف آخراً قبل ياء النسب فتقلب واواً، وتقع الألف قبل ياء النسب واواً سواء أكان أصلها واواً أم ياء، فلا تقلب ياء لئلا تتكرر الياءات، ولثقل الكسرة في

الياء قَبل ياء النسب، وذلك نحو: عصا: عصوي، فتى: فتوي، رضا: رضوي، هدى: هدوي، رحا: رحوي [٥٧].

ويقع مثل ذلك في الألف التي تقع رابعة قبل ياء النسب فيما كان ثانيه ساكناً نحو: طنطا: طنطوي، ومثلها: بنها: بنهوي، جرجا: جرجوي.

قلب الياء واواً

تقلب الياء واواً فيما يأتي:

أن تقع الياء ساكنة بعد ضمة، فتقلب واواً، ويقع ذلك فيما يأتي:

١- مضارع الماضي على وزن «أفعل»، وقعت الياء في أوله، نحو: أيقن، والمضارع منه يُوقن، والأصل يُؤيقن، وقعت الهمزة بين ياء متحركة وياء ساكنة، فثقلت الهمزة، فحذفت، فالتقت ياء المضارعة بياء ساكنة، فقلبت الياء الثانية الساكنة واواً؛ لأن ياء المضارعة مضمومة. ومثله: أينع: يُونع.

٢- اسم الفاعل من فعل ماضي أول حروفه همزة، وهو على وزن أفعل مثل: الوزن السابق "أيقن " واسم الفاعل منه: مُوقن، والأصل: مؤيقن زنة مُفْعِل، فثقلت الهمزة الساكنة بعد ميم مضمومة، فقلبت الياء الساكنة واواً "مُوقِن" ومثله: أيقظ، مُوقِظ، فحذفت الهمزة وقظ ثم ميقظ، وأينع: مُونِع.

قلب الهمزة ياء

تقلب الهمزة ياء في حالتين:

١- أن تتوالى همزتان في أول الكلمة الأولى منهما مكسورة والثانية ساكنة والهمزة الأولى همزة وصل، ويقع ذلك فيما يأتي:

- الماضي الذي أول حروفه الأصلية همزة ودخلت عليه همزة الوصل على وزن افتعل نحو: ايتلف، والأصل: ائتلف، قلبت الهمزة الثانية ياء لانكسار همزة الوصل قبلها، ونحو: ايتمن، وأصله ائتمن.

٥٧ () ارجع إلى: تيسير الإعلال والإبدال ص ١٨.

- ويقع مثل ذلك في مصدر أفعل فيما كان أول حروفه الأصلية همزة نحو: آمن: إيمان، والأصل: إئمان، وقعت الهمزة الثانية ساكنة بعد همزة القطع المكسورة، فقلبت الثانية ياء، ونحو: آثر: إيثار.

- الأمر من الثلاثي المهموز الفاء (أوله همزة) فيما كانت عينه غير مضمومة (أو غير مضموم الوسط)، نحو "أذن" الأمر منه: ايذن مثل: ضَربَ: اِضْرَب، والأصل ائذن قلبت الهمزة الثانية ياء،لانكسار همزة الوصل قبلها، والأمر من أبى: اِئب، فتقلب الهمزة الثانية ياء اِئب، والأمر من أوى: اِئو، فتخفف ايو.

- وقد تصح الهمزة الثانية دون قلب، قال تعالى: ﴿وَمِنْهُم مَّن يَقُولُ ٱئْذَن لِّي﴾ [التوبة:٤٩].

٢- أن تقع الهمزة بين ألفين في جمع على وزن فعائل، فتقلب الهمزة ياء على لفظ مفردها، نحو: قضية جمعها قضايا، والأصل قضائي زنة فعائل، فتحت الهمزة، فصارت: قضاءي، فقلبت الياء ألفاً لتحركها وفتح ما قبلها، فصارت قضاءا، فاجتمع ما يشبه ثلاث ألفات، فقلبت الهمزة ياء، ولم تقلب واواً لأنها في المفرد ياء، فصارت "قضايا " زنة فعائل، ومثل ذلك سجية: سجايا، والأصل: سجائي، وهدية: هدايا، والأصل: هدائي.

قلب الألف ياء

١- أن تقع الألف زائدة بعد كسرة، ويقع ذلك في جمع مِفْعَال على مفاعيل نحو: مِصْباح: مصابيح، مفتاح: مفاتيح، كسر ما قبل الألف في صيغة الجمع، فقلبت الألف ياء لمناسبة الكسرة مثل: مقدار: مقادير، مخبار: مخابير.

وتقع مثل ذلك في التصغير نحو: كتاب: كتيب، مصباح: مُصَيبيح، منشار: مُنيشير. قلبت الألف ياء؛ لأن الحرف الذي يسبق الألف مكسور، ومثله: غلام: غُلَيِّم قلبت الألف ياء ثم أدغمت ياء التصغير فيها، لسكونها.

٢- أن تقع الألف رابعة في اسم مقصور قبل علامة المثنى، أو الجمع نحو: ذكرى: ذكريان، وذكريات، وحبلى: حبليان وحبليات، وتقلب الألف ياء كذلك إن كانت

خامسة نحو: منحنى: منحنيان: منحنيات، وكذلك إن كانت سادسة، نحو: مستشفى: مستشفيان ومستشفيات.

ويقع مثل ذلك في الثلاثي الذي ألفه ياء نحو: هدى: هديان، هديات، فالألف أصلها ياء: هدى يهدي، ولكن إن كان أصل الألف واواً في الثلاثي لم تقلب الألف ياء بل واواً نحو: علا (علم مؤنث)، يقال: عُلَوَان، وعُلَوَات، فالأصل: علا، يعلو.

قلب الواو ياء

١- أن تقع الواو متطرفة بعد كسرة نحو: رَضِي، والأصل: رضو (من الرضوان)، تطرفت الواو بعد كسرة، فقلبت ياء، ويقع ذلك فيما يأتي:

- الفعل الماضي المبني للمعلوم الذي آخره واو قبلها كسرة نحو: شَقِي، والأصل: شقو، قلبت الواو ياء لتطرفها بعد كسرة، ونحو: رَضِي، والأصل: رضو.
- الفعل الماضي المبني للمجهول الذي آخره واو نحو: محا، مُحِي، والأصل: مُحِو. قلبت الواو ياء لتطرفها بعد كسرة. ونحو: غُزِي (غزو)، أبدى (أبدو)، واستدعى (استدعو).

٢- أن تقع الواو متطرفة في الاسم بعد كسرة نحو: اسم الفاعل من سما، يسمو: السامي، والأصل: السامو، قلبت الواو ياء لتطرفها بعد كسرة، ومثل ذلك: الداني، والمتعالي، والمؤنث منه نحو: الدانية والمتعالية.

٣- أن تقع الواو بين كسرة وألف زائدة نحو: صيام، والأصل: صِوام، وقعت الواو بعد كسرة فقلبت ياء، ومثل: إياب، والأصل: إواب، وانقياد (انقواد)، وحياض (حواض).

٤- أن تقع الواو ساكنة بعد كسرة، فتقلب ياء، نحو: ميزان، والأصل: موزان، ورياض (رواض)، وقعت الواو ساكنة بعد كسرة، فقلبت ياء، ويقع مثل ذلك في الأبنية الآتية :

- صيغة فِعْلَة من فعل أجوف واو العين نحو: خاف يخاف خوفاً وخيفة، والأصل:

خوفة وقعت الواو ساكنة بعد كسرة فقلبت ياء: خيفة. ومثلها: صيغة (صِوْغة) قلبت الواو ياء لوقوعها ساكنة بعد كسرة.

- المصدر من أفعل فيما كانت فاؤه واواً نحو: إيراد، والأصل: إوراد، وقعت الواو ساكنة بعد كسرة. فقلبت ياء: إيراد مصدر أورد.

- المصدر من استفعل مما عينه واو نحو: استولى: استيلاء، والأصل: استولاء، ومصدر: اعشوشب وزن افعوعل: اعشيشاب، والأصل: اعشوشاب، وقعت الواو ساكنة بعد كسرة، فقلبت الواو ياء.

٥- أن يأتي الوصف مما لامه واو على وزنِ فعلى نحو علا يعلو: العليا، والأصل العلوى، وقعت الواو بين سكون وألف التأنيث المقصورة، فقلبت الواو ياء.

٦- أن تقع الواو وسطاً بعد ياء ساكنة، فقلبت الواو ياء، ثم أدغمت الياء الساكنة في الياء المتحركة نحو: جيد، والأصل: جيود، اجتمعت الواو ، والياء الأولى ساكنة، فقلبت الواو (ياء) وأدغمت الياء الساكنة الأولى في الثانية المتحركة فصارت: جيد وزن فيعل، وقد قلبت الواو ياء، ولأن الياء أقوى، ومثله: قَيِّم، والأصل: قيوم زنة فيعل، وهَيِّن (هَيْون)، وميت (ميوت).

٧- أن تقع الواو ساكنة في كلمة ثلاثية تليها ياء متطرفة، فتقلب الواو ياء ثم تدغم في الياء نحو: طي، والأصل: طوى، زنة فَعْل، ومثله: كَيّ (كَوْى)، وشيّ (شوى)، وغيّ (غَوْى)، وريّ (رَوْى). وهي مصادر: طَوَى، كَوَى، شَوَى، غوى، روى.

٨- أن تقع الواو زائدة في الياء في وزن اسم المفعول من الثلاثي الذي لامه ياء نحو: هدى، يهدى، وقعت الواو ساكنة قبل ياء، فقلبت ياء ساكنة، ثم أدغمت في الياء التي تقع في لام الكلمة (الياء المتطرفة)، ثم قلبت الضمة كسرة لتناسب الياء، فالكسرة من جنس الياء، ومثلها: مجنيّ (مجنوى)، ومروى (مرووى)، ومبنى (مبنوى).

٩- أن تقع الواو متطرفة بعد ياء ساكنة في وزن فعيل نحو: على، والأصل: عليو، تطرفت الواو بعد ياء، ساكنة فقلبت الواو ياء، ويقاس عليها: سخى

(سخيو)، والواو فيها لا م الكلمة: علا: يعلو، وسخا: يسخو.

١٠- أن تقع الواو بعد ياء التصغير الساكنة فيما لامه واو من الثلاثي نحو: جذوة: وتصغيرها: جُذية، والأصل: جذيوة زنة فُعَيْلة، ثم قلبت الواو ياء، وأدغمت الياء الأولى الساكنة في الثانية المتحركة التي أبدلت من الواو. ومثلها ندوة: نُدَيَّة (نديوة)، ومثلها: ثرية (ثُرَيوة) اجتمعت الواو والياء والواو ساكنة، فقلبت الواو ياء، وأدغمت في الياء.

١١- أن تبنى من الثلاثي معتل اللام بالياء وزن فَعُول نحو: نسى، بغى، والأصل: نَسُوى. وبَغُوى، وقعت الواو ساكنة قبل ياء، فقلبت ياء وأدغمت الياء في الياء، وقلبت الضمة قبلها كسرة لتناسب الياء التي تجانسها نطقاً.

١٢- أن يبنى فعول مما كانت لامه واواً نحو: عصى، والأصل: عصوو وزن فعول، وقعت الواو متطرفة بعد واو ساكنة، فقلبت الواو الأخيرة ياء فصارت: عصوى، فوقعت الواو ساكنة قبل ياء، فقلبت الواو ياء ثم أدغمت في الياء الأخيرة فقلبت الضمة قبلها كسرة لتناسب الياء، ثم كسرت الحركة الأولى فصارت عصى، لأن الحركات تتجاذب وتتماثل.

١٣- أن تقع الواو متطرفة بعد ضمة في صيغة الجمع التي تأتي على وزن "أفعل" نحو جمع دلو: الأدلي، والأصل: الأدلو، وقعت الواو آخر اسم معرب، وقبلها ضمة، فقلبت ياء ثم كسر ما قبلها، فصارت الأدلي، وتحذف الياء في التنكير: أدلٍ، أعلت إعلال قاض.

ويقاس عليها جمع: بهو، وجمعه: الأبهي، والأصل: الأبهو، فقلبت الواو ياء ثم كسر ما قبلها.

ومثلها: الواو المتطرفة بعد ضمة في نحو: التداني، والأصل: التدانو، والترجي (الترجو)، ومثلها التسلى (التسلو) .

١٤- أن تقلب الواو الأصلية ياء في الماضي حملاً على الياء في المضارع نحو: أعطيت، والأصل: أعطوت، قلبت الواو ياء حملاً للماضي على المضارع: يعطي، ويقاس عليه

كل فعل ماض ناقص أصل لامه واو أسند إلى ضمير رفع متحرك نحو: زكي يقال: زكيت، والأصل: زكوت.

ونحو: ارتجى، يقال: ارتجيت، والأصل: ارتجوت، ونحو: استدعى: استدعيت (استدعوت)، وتداني: تدانيت (تدانوت) وتدانيا، وتعالى: تعاليت، وتعالينا، وتعالين، والأصل: تعالوت.. ومثل: استصفيت (استصفوت)، واعتليت (اعتلوت)، ونجيت (نجوت)قلبت لام الفعل (الألف) أو أصلها واو، حملاً للماضي على المضارع.

١٥- أن تسبق الواو بكسرة فيما أعلت عينه في المبني للمجهول نحو: قال، يبنى للمجهول على النحو الآتي: قُوِل، مثل: ضُرِب، فاستثقلت الكسرة في الواو، فنقلت الكسرة إلى ما قبلها بعد سلف حركته، فصار: قُول، ثم قلبت الواو ياء لوقوعها ساكنة بعد كسرة فأصبحت (قِيل). ويطرد ذلك في كل فعل معتل العين بالواو بني للمجهول نحو: أعاد: أُعيد، اقتاد: اقتيد، واستعاد: استعيد.

١٦- المضارع من أفعل الذي عينه واو نحو: أنار، مضارعه: يُنير، سبقت الواو بكسرة، فقلبت قبلها مثل يضرب، ثم انتقلت الكسرة إلى الساكن قبلها لاستثقالها في الواو.

ومثل ذلك: استغاث، يستغيث، (مثل: يستخدم)، فقلبت الواو ياء لانكسار ما قبلها.

وكذلك اسم الفاعل من أفعل في مثل: أنار: مُنير، مثل: استغاث، مُستغيث، ومثل استفعل في أصل الياء واو، ولكنها قلبت ياء بعد انتقال الكسرة منها إلى ما قبلها.

* * *

ما يحذف من أحرف الكلمة

الحذف إسقاط حرف من أصول الكلمة وقع في موضع الفاء منها، أو العين، أو اللام(٥٨)، فهو ما يحذف من الحروف الأصلية في الكلمة، ولا يطلق على ما أسقط منها، وهو زائد فيها نحو ألف:كتاب، وجمعها كتب لم يقع فيها حذف؛ لأن الألف في المفرد زائدة، ويطلق على إسقاط الزائد حذفاً جوازاً، والأَوْلى أن يقال في هذا ونحوه: ترك الزيادة، فالحذف يختص بما كان أصلاً (٥٩).

الحذف نوعان: أحدهما حذف يقع في حرف واحد من أصول الكلمة، والثاني حذف يقع في أصلين من أصول الكلمة.

أولاً- ما يقع في حرف واحد: وهذا النوع يقع في مواضع الكلمة، فقد تحذف الفاء أو العين أو اللام، فالفاء نحو «حدة» من مصدر الفعل وحد المثال (أو الذي وقع حرف العلة أوله) نحو: وعد: عدة. وزن: زنة. وصف: صفة. وحذف العين، ويقع ذلك في الفعل الأجوف، ويطرد في الأمر منه، نحو: قال: قل. باع: بع، والمجزوم منه نحو: لم يقل، لم يبح. ويقع ذلك في الأسماء على غير قياس نحو: «منذ»، جاء فيها أيضاً «مذ».

وحذف اللام: وهو كثير في المعتل من الاسم والفعل، فالمطرد في الحذف من الأسماء اسم الفاعل من المعتل نكرة نحو: قاضٍ، ماضٍ، ساعٍ، وترد إليه اللام فى المعرف بـ «ال» نحو: القاضى، الماضي، الساعي.

وقد وقع حذف غير مطرد في بعض الأسماء، ولا يقاس عليه، وذلك في نحو: دم، يد، عم، أخ، حم، غد، فهذه الأسماء أصلها ثلاثي: دمى، يدى، عمو، أخو، حمو، غدو.

ويقع الحذف آخر الفعل في الجزم، والبناء على السكون نحو: لم يدع، لم يمش. ادع. امش. وسنبين ذلك في موضعه إن شاء اللـه.

---

٥٨ () الحرف الأول من الكلمة يسمى فاءها، والثاني عينها، والثالث لامها، وهي الأصول في الثلاثي، والرباعي الأصلي تزاد فيه اللام، فحروف الثلاثي تقابل وزن «فعل » والرباعي المجرد «فعلل ».

٥٩ (٢) ارجع إلى: التتمة في التصريف للقبيصي، ص ١٢٧.

ثانياً- الحذف الذي يقع في حرفين، وهذا النوع لا يقع في موضعين مقرونين بل يقع في موضعين مفروقين، ولا يقع إلا في الفعل فقط، وهو النوع الذي يسمى اللفيف المفروق: الثلاثي الذي أوله حرف علة وآخره حرف علة نحو: وقى، وفى، وعى، ولى، وشى (نقش، حسَّن) ويحذف حرفا العلة منه في الأمر: نحو: فِ، عِ، لِ، شِ الثوب، وزن «عِ»، ولك أن تضيف إليه هاء للوقف عليها أو لغلق المقطع، ولتقوى بها بنية الفعل، فلا تشبه الحرف، فيقال: قِه، فِه، عِه، شِه، وزن عِه. وقد بقيت الكسرة في الحرف دليلاً على الحرف المحذوف من لام الكلمة والياء، وترد الواو إلى فاء الفعل إن جلبت إليها همزة وصل، فيقال: اوعِ، اوقِ.

ويعرف الحرف المحذوف من الاسم بواحدة من الطرق الآتية :

- أن يؤتى بالمثنى منه نحو: دم:دميان. يد: يديان. غد: غدوان.
- أن يؤتى بالجمع منه، نحو: يد: الأيدي، أيادي. أخ: إخوة وإخوان.
- إن ينسب إليه نحو: أب: أبوي، أخ: أخوي.
- أن يعرَّف إن كان نكرة فيعرف بالإضافة، وذلك في الأسماء النكرة نحو: قاض: قاضي المدينة. أو أن تدخل عليه «ال» نحو: القاضي، وهذا النوع يرد إليه المحذوف فقط دون أن يرد إلى أصله نحو: الداعي، فأصل الياء واو، ولكنها قلبت ياء لتطرفها بعد كسرة يسبقها مد.
- أن يبنى من الاسم فعل نحو يد: يديت.

وتعرف أصل الألف في آخر الفعل بطريقتين:

الأولى- الإتيان بالمضارع منه نحو: قضى (آخره ألف) يقضى (بالياء)، أصل الألف ياء، ونحو: دعا: يدعو، أصل الألف واو.

الثانية- أن يؤتى بالمصدر منها، فبعض الأفعال لا يبين مضارعها أصل الألف، فيأتي أصله في المصدر نحو: سعى آخره ألف: يسعى آخره ألف، والمصدر: سعياً، فالمصدر السعي رُدت فيه الألف إلى أصلها (الياء).

ويرد الأصل إلى الأجوف في المصدر نحو: قل: قولاً، فالمحذوف منه واو، وعرف منه أيضاً الأصل، نحو: قال: قولاً، وباع: بيعاً، ونال: نيلاً.

ويقع الحذف في الحروف الأصلية من الكلمة فتحذف فاء الكلمة أو عينها أو لامها، وقد تحذف الفاء واللام معاً، ونبينه فيما يأتي:

أولاً- حذف فاء الكلمة (الحرف الأول):

تحذف الواو إذا كانت في أول الكلمة في الفعل المثال (ما كان أوله حرف علة) في المواضع الآتية :

١- أن تقع الواو بعد حروف المضارعة، فتحذف، فمتى كانت الفاء واواً حذفت من المضارع الذي فتح حرف المضارعة فيه، وكسرت عينه، وذلك في وزن « يفعل « (بكسر العين) نحو: وعد: يعد، وزن « يزن «، والأصل: يوعد «، « يوزن «، و(مثل يضرب) فحذفت الواو، لوقوعها بين ياء وكسرة، ثم حمل على ما يقع مع الياء بقية حروف المضارعة ليطرد الحكم، ويطرد ذلك في كل مضارع فعل ثلاثي مجرد من الزوائد جاء مضارع مكسور العين «يفعل « سواء كان الماضي منه مفتوح العين « فَعل « نحو: وجَد، أو مكسور العين « فعِل « نحو:َومِقَ (أحب)، فالمضارع منهما: يجد، يمق.

ولا يقاس على ذلك الأفعال التي عينها أولامها حرف من الحروف الآتية : ء، هـ ح، خ، ع، غ، وتسمى عند القدماء بحروف الحلق، لأن هذه الأحرف تفتح في المضارع، والأصل فيها أن تكسر، وذلك نحو: وضع، وقع، ولغ، تفتح عين الفعل في المضارع، لأن لام الفعل حرف من الحروف السابقة (حرف حلقي عند القدماء) [٦٠].

فيقال: يضَع، يقَع، يلَغ، ولكن لم تفتح العين في ماضي « وَسِع « قياساً على الأفعال التي فيها حرف حلقي، لأنه حمل في الكسر على الغالب الذي تكسر عينه نحو: «وَمِق « ولهذا ساغ حذف الواو في المضارع يقال: وسع: يسَع.

٢- تحذف الواو (فاء الفعل) كذلك في الأمر من أفعال المثال حملاً على حذفها في

---

٦٠ () الهمزة والهاء: حنجريان، والعين والحاء حلقيان، والغين والخاء: طبقيان، وجميعهم عند القدماء حروف حلقية، والتقسيم الأول توصل إليه المحدثون، وهو ما عليه العمل.

نحو: وزن: زِن، وَسِع: سَع (بفتح السين)، فالأمر يأتي على لفظ مضارعه: وطأ: طأ، وعد: عد، حمل حذف الواو على الحذف الذي وقع في المضارع، فلما حذفت الواو استغنى عن همزة الوصل (في نحو: اضرب)، التي زيدت من قبل ليتوصل بها إلى الساكن الذي في أول الأمر.

٣- المصدر من المثال نحو: وعد عدة حذفت الواو، وعوض عنها بتاء التأنيث نحو: وجد: جدة، وزن: زنة، ونحو: وصف: صفة (ووصفاً) وتر: ترة، وثب: ثبة، والأصل: وِعْدة، فنقلت كسرة الواو إلى عين الكلمة، وحذفت الواو، وعد «عدة » وزنها عِلة، و نستخلص من ذلك أن فاء المثال «الواو » تحذف من المضارع والأمر والمصدر، وتحذف فاء الفعل المثال (الواو التي تقع في أول الفعل) حذفاً مطرداً في المواضع الآتية:

* أن تفتح عين الفعل في الماضي، فيكون مضارعه من باب فَعَل: يَفْعِل نحو: وأد: يَئِد، وأل (لجأ): يَئِل، وأى (وعد): يئى، وبق (هلك) يَبِق، وَتَر: يَتِر، وطن (أقام): يطن حذفت الواو في المضارع.

* أن تكسر عين الماضي، فيكون الفعل من باب فَعِل: يَفْعِل، نحو وَثِق: يثق، ورث:يرث، ورم: يرم، ورع: يرع. ومق: يمق (أحب).

* أن تفتح عين الفعل في الماضي ومضارعه من باب فعل: يَفْعَل، أو فعِل: يَفْعَل نحو: وجأه (طعنه): يجؤه، وذر (ترك) يذر، وضع: يضع، وقع: يقع، ولغ: يلغ. ومأ (أشار): يمأ، وهب: يهب.

* وفَعَل يَفعَل نحو: وَلَعَ (علق): يولَع. وَمَد (غضِبَ وحَمِى): يومد، ومداً. وَمِه النهار اشتد حره: يوْمَه .

* أن يكون الفعل الذي أوله واو من باب فعل (مكسور العين) ومضارعه: يفعل (مفتوح العين)، وهذا النوع تحذف الفاء في بعض أفعاله، وبعضها لاتحذف الفاء فيه:

فالأول نحو: وَسِعَ: يسَع، وَطِئ: يطَأ، ويطرد ذلك فيما كانت عينه أو لامه حرف حلقي (د، ع، ح، غ، خ).

والثاني وهو ما لا تحذف فاؤه، نحو: وَبِقَ (هلك). يوبَق. وَجِل (خاف): يوجل. وحد (بقى منفرداً): يوحد، وَحِش (شعر بالوحشة): يوحش. وَحِل: يوحل، وَحِمت الحبلى (اشتهت شيئاً): توحم، وَخِم: يوخم، وسخ: يوسخ، وسن: يوسن، وهم (غلط): يوهم، وهن: يوهن.

ولا تحذف الفاء (الواو) في المضارع الذي يأتي الماضي مضموم العين، ويأتي مضارعه أيضاً مضموم العين من باب: فعل: يفعل، فلا تحذف فاؤه في المضارع، ولا تحذف كذلك فيما اشتق منه، نحو: وَثُق: (قوى وثبت): يوثق، وَجِل: (كبر وشاخ): يوجل: وَشُك: (قرب): يوشك. وَضُع (صار و ضيعاً): يوضع. وطؤ (هان وسهل): يوطؤ، وعر (صلب): يوعر. وقح (قل حياؤه): يوقح[٦١].

* أن يكون الماضي من المثال على وزن «أفعل « نحو: أوغر فلان فلاناً، غاظه: والمضارع: يوغر.

* ولا تحذف الياء مطلقاً من فاء الفعل في المضارع نحو: ينع (طاب) يينع. يئس: ييئس، يبس: ييبس ، يقن: ييقن، ولا يقع حذف فيما وقع فيه زيادة نحو: أيقن: يُيقِن.

* ولا تحذف الفاء من الفعل الذي وقعت في أوله زيادة، وذلك فيما يأتي: وزن أفعل نحو: أوغر فلان فلاناً (غاظه): يوغر، وأوعى (وعى وحفظ): يوعى. وزن: استفعل نحو: استوعى (استوعب): يستوعى، ومثله: يستوعب.

ومثله: افتعل نحو: اتحد، والأصل: اوتحد، قلبت الواو تاء ثم أدغمت في التاء، فقد وقع فيها قلب ولم يقع حذف، ومثلها: اتعد، واتسر، وكل ما يتصرف منهما نحو: يتعد، ويتسر، ومتعد، ومتسر، والأصل: اوتعد، فأبدلت الواو تاء، وأدغمت في تاء «افتعل « والعلة في إبدال الواو تاء في مثل «اتعد» وما أشبه عدم استقرار الفاء على صورة واحدة إن لم تبدل؛ لأنك تقلبها ياء إذا انكسر ما قبلها، يقال: ايتعد، وإذا ضم ما قبلها رددتها، يقال: اوتعد، وإذا انفتح ما قبلها قلبتها ألفاً، يقال: ياتعد، ولهذا أبدلت الواو تاء ليتسنى إدغامه في التاء الثانية المتحركة؛ ولأن التاء حرف جلد قوي لا يتغير لما قبله، وحملت الياء في

---

٦١ () تيسير الإعلال الإبدال، ص ٦٩-٧١.

الفعل المثال على الواو، فقلبت تاء، فقد جرت الياء مجرى الواو في نحو: اتسر وزن «افتعل»، والأصل ايتسر والثلاثي منه «يسر »[٦٢].

وبعض العرب لا يبدل الواو تاء وكذلك الياء، فيبدلونها تبعاً للحركة التي تسبقها يقولون ايتعد، وايتسر، فما قبلها مكسور فقلبت الواو ياء، وبقيت الياء، ويقولون في المضارع: يُوتعد، ويوتسر، فالفعل مبنى للمجهول، وإن فتح حرف المضارع قلبت الواو والياء ألفاً، يقولون: ياتعد، وياتسر، وهذا غير مشهور، وقلب الواو والياء تاء أكثر وأقيس، وهو ما عليه القرآن الكريم، وقلب الواو تاء له نظائر في اللغة نحو: تجاه، الأصل: وجاه، لأنه من الوجه، فقلبت الواو تاء، والتجاه: مستقبل كل شيء، ونحو: التقوى أصلها: وقوى، وزن فعلى؛ لأنها من وقيت، فقلبت الواو تاء.

ومثل ذلك: أولجه (أدخله)، و أوكأه (أعد له متكأ)، يجوز قلب الواو تاء، فيقال: أتلجه، وأتكأه. ومثل: اتأد (ترزّن وتأني وتمثل)، والتؤدة، أصلها: الوؤدة.

ولا تحذف الواو من أول المثال أن سبقت بهمزة زائدة وزن أفعل، أو زيدت فيه ألف المفاعلة، نحو: وزن فاعل، أو أن تسبق الواو بهمزة الوصل في الأمر، نحو: وزن «افْعَلْ»، ولا تحذف فيما اشتق من الثلاثي في اسم الفاعل، المفعول، واسمى المكان والزمان، والمصدر الميمي، والصفة المشبهة.

ثانياً- حذف العين، من الأجوف (ما كان أوسطه معتلاً)

وذلك فيما يأتي:

- أن يسند الفعل إلى ضمير متحرك نحو نون النسوة يقال: البنات يَقُلْنَ، حذفت الواو، لوقوعها ساكنة قبل الحرف الأخير الساكن، فالتقى ساكنان فحذفت الواو، ومثلها: يبعن، فالنون تسبق بساكن، ونا الفاعلين نحو: بعنا، واخترنا، تاء الفاعل: قلت، فحذف حرف العلة، لسكونه وسكون ما بعده. فكل فعل اتصل به ضمير رفع متحرك حذف منه حرف العلة.

٦٢ () ارجع إلى: التتمة في التصريف، ص ١٢٥، وسر الصناعة، لابن جنى، ١٤٨/١.

- أن يكون الفعل في موضع جزم، لسكون آخره مثل: لم يهبْ، ولم يخف، والنهي نحو: لا تقل. لا تنم. ومثله المجزوم من انفعل وافتعل نحو: لم ينفعلْ، ولم يخترْ.

- أن يبنى الأمر من الفعل الأجوف، نحو: قم، والأصل: اقوم، نقلت حركة الواو إلى الساكن الصحيح قبلها، فاستغنى عن همزة الوصل، وسكنت الواو بعد نقل حركتها، فالتقى ساكنان: الواو والميم، فحذفت الواو، فصار قمْ.

وتحذف عين الفعل عند إسناده في الأمر إلى الواحد نحو: قُمْ، وجماعة النسوة، نحو: قمن؛ لأن نون النسوة يسكن ما قبلها.

ولكن لا تحذف عين الأجوف عند إسناده إلى ياء المخاطبة المؤنثة يقال قومى، وألف الاثنين قوما، و واو الجماعة: قوموا، فهذه الضمائر يتحرك ما قبلها فلا تسقط عين الأجوف، وتجزم وتبنى بحذف حرف العلة، نحو: قومى، والأصل: (اقْومى)، فانتقلت ضمة الواو إلى الساكن قبلها، فلم تعد هنالك حاجة لهمزة الوصل التي زيدت قبل الحرف الساكن، فقد تحرك الساكن، ومثله: قوما، (اقوماً)، وقوموا: اقوموا. وزن: قومى: افعلى، وقما: افعلا، وقوموا: افعلوا؛ لأن عين الفعل لم تحذف، فبقى الوزن على الأصل دون إسقاط الهمزة للمحافظة على الوزن الأصلي، ولم يعتبر نقل الحركة في الميزان، ولا حذف همزة الوصل، فالوزن حسب أصله.

والقاعدة العامة أن كل فعل أجوف سكن آخره، حذف وسطه سواء أكان ماضياً اتصل بضمير رفع متحرك يلزمه سكون ما قبله، مثل تاء الفاعل، ونا الفاعلين ونون النسوة (قمت، قمنا، قمن) أم كان الفعل مضارعاً مجزوماً، أو كان أمراً، ولم يتصل به ضمير رفع ساكن، والضمير الساكن: (ياء المخاطبة، وألف الاثنين، وواو الجماعة).

وتطرد هذه القاعدة في المجرد والمزيد. ويقع الحذف أيضاً فيما اشتق من الفعل الأجوف نحو:

اسم المفعول زنة «مفعول» نحو: قال مقوول (مثل: محمود) التقت واوان وإحداهما ساكنة، فانتقلت حركة الأولى المتحركة (وهي الضمة) إلى الساكن قبلهما، فصارت: مقوول، فبقيت واوان عاريتين من الحركة (ساكنتين) فوجب حذف إحداهما، وقد

اختلف العلماء فيما يجب أن يحذف، فرأى فريق حذف الواو الأولى، وهي عين الكلمة ؛ لأن الثانية جيء بها لبناء اسم المفعول، ورأى آخرون حذف الواو الزائدة ؛ لأنها زائدة وقرب الحرف الأخير. وهو الموضع الذي يغلب وقوع الحذف فيه،فتصير الكلمة على الرأيين: مَقُول، مفعل، وعلى الرأي الثاني: مفول. ويقاس على ذلك كل أجوف عينه واو، مثل: مَزُور، مسود من زار، وساد.

ويقع الحذف كذلك في الأجوف الذي عينه ياء نحو: باع: مبيوع، فانتقلت حركة الياء إلى الساكن قبلها، فبقيت الياء عارية تلتها واو ساكنة.

وقد وقع الحذف في بعض الكلمات على غير قياس نحو: مذ، والأصل: منذ (اسم زمان).

ثالثاً- حذف اللام

وتحذف لام الكلمة، منقلبة وغير منقلبة فيحذف حرف العلة في لام الكلمة في المواضع الآتية من الأفعال:

١- أن يكون في موضع جزم نحو: لم يخش، لم يرم، لم يغزو.

٢- أن يبنى منه الأمر نحو: اخش، ادع، ارم.

٣- أن يتصل بالفعل ضمير وصل ساكن، فيحذف حرف العلة لالتقاء الساكنين، مثل ياء المخاطبة المؤنثة التي تتصل بالمضارع والأمر دون الماضي، يقال: أنتِ تسعين، وتدعين، وترضين، والأمر: واسعى، وارضى: وواو الجماعة التي تتصل بالماضي والمضارع والأمر. يقال: سعوا، وقضوا، ويسعون، ويقضون، واسعوا، واقضوا.

ولا يقع حذف عند إسناد الفعل إلى ألف الاثنين الساكنة؛ لأن الألف في لام الفعل ترد إلى أصلها (واو أو ياء)، و ما قبل الضمير ألف الاثنين يتحرك بالفتح، والواو تتحرك بالفتح، وكذلك الياء لخفة الفتحة عليها يقال: الوالدان سعيا، وقضيا. ويسعيان ويقضيان، واسعيا، واقضيا، ودعوا، ويدعوان، وادعَوا (فى الأمر).

ويقع الحذف في اللام على النحو الآتي:

أولاً- حذف آخر الفعل عند إسناده إلى ياء المخاطبة المؤنثة:

وتلحق ياء المخاطبة الفعل المضارع لا غير، وتحذف حروف العلة عند إسناده إلى الياء؛ لسكون الياء وسكون حرف العلة، وذلك على النحو الآتي:

١- حذف الألف، والألف تكون عن أصل (واو أو ياء) نحو: ترضى، ويخشى، يقال: يا فاطمة أنت ترضَين، وتخشَين، والأصل ترضاين، وتخشاين، فالتقى ساكنان، فحذفت الألف، وترك ما قبله على فتحته ليكون دليلاً على الحذف.

٢- حذف الواو نحو: تغزو، يقال: يا فاطمة أنت تغزين، والأصل: تغزوين، وانتقلت كسرة الواو إلى ما قبلها، فالتقى ساكنان، فحذفت الياء، وبقيت الكسرة فيما قبلها دليلاً عليها.

٣- حذف الياء، نحو: يرمي، يقال: أنت ترمين، والأصل " ترميين "، مثل " تضربين " فنقلت الكسرة من اللام إلى العين بعد حذف كسرتها، فحذفت الياء لسكونها قبل ياء الضمير، ويقاس عليه: الأمر، يقال: انسى، وارمى: والأصل: انسيى، وارميى، مثل: اذهبي، استثقلت الكسرة التي تسبق ياء المخاطبة في الياء فحذفت الكسرة، فالتقى ساكنان، فوجب حذف الياء الأولى ثم أبدلت الحركة إلى كسرة لتجانس ياء الضمير، فصارت: انسى وارمى.

وتحذف الياء كذلك من آخر الاسم المنقوص عند اتصاله بواو الجمع أو ياء الجمع، نحو: القاضي القاضون، والأصل: القاضيون، استثقلت الضمة على الياء، فحذفت فالتقى ساكنان الياء والواو فحذفت الياء.

وتحذف كذلك في النصب لاتصالها بياء النصب، نحو: قاضين، والأصل: قاضيين: فاستثقلت الكسرة في الياء الأولى، فحذفت، فالتقى ساكنان، فوجب حذف الياء الأولى، فصارت قاضين.

وتحذف الياء من الأسماء المنقوصة النكرة سواء أكانت أصلية أم منقلبة عن واو، وذلك في الرفع والجر، وذلك نحو: قاضٍ، والأصل: قاضي، استثقلت الضمة أو الكسرة في الياء فحذفت الضمة أو الكسرة فسكنت الياء، فالتقى ساكنان، الياء، والتنوين،

فحذفت الياء، وعوض عنها بتنوين العوض المكسورة، ليكون دليلاً على الياء المحذوفة، ويلزم الكلمة رفعاً وجراً، يقال: جاء قاضٍ، مررت بقاضٍ.

ولا تحذف الياء في المعرف بـ «أل» ؛ لأنه لا ينون، ولا تحذف كذلك في النصب لخفة الفتحة في الياء، يقال: رأيت قاضياً.

ثانياً- حذف آخر المعتل عند اتصاله بواو الجماعة.

١- ما كان آخره ألفاً، نحو: غزا، ورمى، يقال: غزوا، ورموا، فالألف في غزا أصلها واو «غزو»، وأصلها في «رمى « ياء، وقد قلبت الواو ألفاً والياء ألفاً؛ لتحركها وانفتاح ما قبلها، والألف ساكنة، وقد حذفت قبل واو الجماعة؛ لسكونها وسكون واو الجماعة، غزوا، ورموا، وزن «فعوا»، ويقاس على ذلك كل فعل انقلبت لامه ألفاً، واتصل به واو الجماعة يقال: اغزى: اغزوا، واستقصى: استقصوا.

وتحذف الألف كذلك في فعل مضارع بنى للمجهول وأسند إلى واو الجماعة لانفتاح ما قبل آخره، فيقلب حرف العلة الأصل ألفاً، ثم تحذف الألف عند اتصال الفعل بواو الجماعة نحو: يدعى: يدعون، ويرمى: يرمون حذف الألف لإسناد الفعل لواو الجماعة.

٢- ما كان آخره واواً، والواو تكون في لام المضارع؛ لأن الألف ترد إلى أصلها في المضارع فيما كانت لامه واواً، نحو: غزا: يغزو، تحذف الواو عند إسناد الفعل إلى واو الجماعة؛ لالتقاء حرفا علة من جنس واحد، فتحذف لام الفعل، ولا تحذف واو الجماعة، يقال: الجنود يغزون، والأصل: يغزوون، مثل: يقتلون.

٣- ما كان آخره ياء، وذلك في مضارع ما كان أصل لامه ياء نحو: رمى، والمضارع: يرمي، يقال عند إسناده إلى واو الجماعة: يرمون، والأصل: يرميون، وقعت الياء مضمومة قبل واو الجماعة الساكنة، فنقلت ضمتها إلى الساكنة قبلها، وحذفت الياء لثقلها قبل واو الجماعة.

وتحذف الياء من اللام الماضي المبني للمجهول عند إسناده إلى واو الجماعة، مثل: خشى: خشوا، ورمى: رموا، والأصل: خشيوا، ورميوا، نقلت ضمة الياء (اللام) إلى ما قبلها، فالتقى ساكنان فحذفت الياء، ومثل: نسوا، والأصل: فقلبت الضمة في الياء

فحذفت الضمة، فسكنت الياء فالتقى ساكنان الواو والياء، فحذفت الياء، وأبدلت الكسرة ضمة لتناسب واو الجماعة، ويقاس على ذلك كل فعل آخره ياء.

ثالثاً- حذف لام الفعل عند اتصاله بتاء التأنيث

وليست التاء ضميراً بل حرفاً ساكناً، فيحذف الساكن قبله لالتقاء ساكنين، وتاء التأنيث تلحق الفعل الماضي فقط نحو: فاطمة سعت، ومضت، ودعت، ومحت، والأصل: سعات، ومضات، ودعات، ومحات، فالحرف الأخير في ماضي هذه الأفعال قلب ألفاً، فالتقى الألف، وهي حرف ساكن مع تاء التأنيث، وهي حرف ساكن أيضاً فحذفت الألف والألف منقلبة عن أصل، فهي في سعى ياء، يقال: هند سعيت، تحركت الياء بالفتح وقبلها مفتوح، فقلبت ألفاً، فصارت: سعات، فالتقى ساكنان، فحذف الألف (لام الكلمة). ومثله: دعا: الألف أصلها واو، يقال: هند دعوت، تحركت الواو بالفتح وقبلها مفتوح، فقلبت ألفاً: دعات، فالتقى ساكنان، فحذفت الألف، وبقى ما ماقبل الحرف المحذوف مفتوحاً، ليكون دليلاً على الألف المحذوفة، ويقاس عليهما كل نظائرهما.

والقاعدة العامة في حذف لام الفعل أن كل فعل آخره ساكن واتصل به ضمير رفع ساكن أو حرف ساكن (تاء التأنيث)، وجب حذف لامه لالتقاء الساكنين، ولا يحذف آخر الفعل المعتل إن اتصل به ألف الاثنين، لأن اللام ترد إلى أصلها واوا أو ياء، وألف الاثنين يفتح ما قبلها، والفتح لا يستثقل على الواو والياء فلم يقع حذف مطلقاً.

رابعاً- حذف ألف المقصور في الأسماء

الاسم المقصور ما كان آخره ألفاً لازمة قبلها مفتوح، والحذف فيه مثل الحذف في لام الفعل المعتل، وذلك في المواضع الآتية :

أن يجمع الاسم المقصور جمعاً سالماً نحو: الأعلى: الأعلون، والأصل: الأعلوون (وهي نظير قائمون)تحركت الواو بالضم، وتحرك ما قبلها بالفتح، فقلبت ألفاً، فالتقى ساكنان الألف التي تقع في لام الاسم، وواو الجمع، فحذفت الألف، فصارت الأعلون، وبقى ما قبل الألف مفتوحاً لتكون الفتحة دليلاً على الألف المحذوفة، ومثل ذلك:

المنادى، وجمعه: المنادون، والأصل: المناديون، قلبت الياء ألفاً المناداون، فالتقى ساكنان الألف والواو، فحذفت الألف، وبقى ما قبلها مفتوحاً دليلاً عليها.

وكذلك ما كان منصوباً، فاتصلت به ياء ونون، نحو: الأعلين، والأصل: الأعلوين، قلبت الواو ألفاً لانفتاح ما قبلها الأعلاين، فحذفت الألف، فصارت الأعلين، فتح ما قبل الألف المحذوفة لتكون دليلاً عليها، ومثل ذلك: المصطفى: المصطفون، المصطفاون، المصطفون، ونحو: المصطفين: المصطفين، والأصل: المصطفاين، فحذفت الألف.

خامساً – حذف حرف العلة عندما يلتقي بالتنوين:

التنوين بمنزلة نون ساكنة يلحق الأسماء المنصرفة، يلحق بعض الأعلام الشائعة التي لم تدخل عليها «ال»، نحو: زيد، محمد، على، ويلحق الأسماء النكرة مطلقاً، ويعد علامة من علامات الاسم، و للتنوين أثر في الحذف فيما كان معتل اللام، وذلك فيما يأتي:

١- حذف الياء مع التنوين، ويقع الحذف إن صادف التنوين حرفاً ساكناً في لام الكلمة، فيحذف حرف العلة؛ لئلا يلتقي ساكنان، ويطرد الحذف في معتل اللام في وزن اسم الفاعل زنة فاعل نحو: قاضٍ، داعٍ، والأصل: القاضي، والداعي. حذفت الياء لوقوعها ساكنة قبل تنوين التنكير في قاضٍ، وماضٍ، وداعٍ.

٢- حذف الألف، وذلك في الاسم المنقوص نحو: عصا، و رحى، والأصل العصا والرحى، تسقط الألف في التنكير، وذلك في الوصل دون الوقف؛ لأن التنوين يسقط وقفاً، ويعوض عنه بألف يقال: عصا، ورحى، وليست هذه الألف بلام الكلمة؛ لأنها حذفت قبل التنوين، فالألف في الوقف بدل من الألف.

وأصل الألف في المقصور واو أو ياء، فتحرك الحرف الأخير المعتل، وفتح ما قبله، فقلب ألفاً، فالتقى ساكنان الألف، ونون التنوين، فسقطت الألف نطقاً لا خطاً، والتنوين يبدل في الوقف ألفاً. يقاس على ذلك كل نظير رفعاً و نصباًوجراً، مثل: هدىً، ورضاً، وفتىً.

ولا ينون مادخلت عليه "ال" التعريف أو المضاف، ويلاحظ أن ألف المقصور تكتب في الخط ألفاً أو ياء، فتى، هدى، وقد اختلف العلماء في تفسير كتابة الألف ياء،

وأرى أن ذلك يرجع إلى أن الألف تمال في النطق ياء، فبعض قبائل العرب يبدلون الألف في المقصور ياء، وقيل كتبت على الأصل فأصل الألف ياء، ولكن نجد بعض الكلمات تشذ عن هذا الوجه أو ذلك.

وقد وقع الحذف في بعض الكلمات على غير قياس أي نحو حذف الياء، في لام الكلمة نحو: يد، والأصل: يدى، فالجمع الأيادي، وقد حذفت الياء للتخفيف في يد.

* رئة، والأصل: رئو، حذفت الواو، وعوض عنها بالتاء، فالنسب يرد المحذوف رئوى.

* أب، والأصل: أبو، فالنسب أبوى، ومثله: أخ: أخو، وابن: بنو، حم: حمو، اسم: سمو، دم، دمى، ومثلها: غد: غدو، و لغة: لغو، وقيل: لغى، حذفت اللام وعوض عنها بالتاء، ومثلها: كرو: كرة، شفة: شفه، وأكثر ما يقع الحذف في اللام والتاء في آخرها عوض عن المحذوف، وهمزة الوصل في ابن واسم عوض عن حذف لام الكلمة (الواو).

سادساً– حذف حرف العلة من آخر الكلمة في النطق إن لقيه حرف ساكن:

ويقع هذا الحذف في النطق فقط لا الخط، فرمز حرف العلة يظل ثابتاً في الخط؛ لأن هذا الحذف مرتهن بالوصل والوقف، فالحرف الذي سقط في النطق عند اتصاله بساكن يليه يرد إن وقف عليه، ونبين ذلك فيما يأتي:

يحذف حرف العلة وصلاً عندما يليه حرف ساكن، وذلك نحو الألف في قولنا: «محمد يخشى الـلـه». سقطت الألف لفظاً في الوصل من آخر «يخشى » لالتقاء الساكنين، فاللام في لفظ الجلالة ساكنة، وقد التقت بها الألف مباشرة بعد سقوط همزة الوصل من «ال» في الوصل، فباشرت الألف اللام، فوجب إسقاط الألف لفظاً لاخطاً، وقد حذفت الألف في الوصل مثلما حذفت عند اتصال الفعل بواو الجماعة.

وتحذف الواو نحو: محمد يغزو الجيش، سقطت الواو لفظاً لالتقاء الساكنين الواو واللام.

وتحذف الياء كذلك نحو: يرمى الجيش، سقطت الياء لسكونها قبل اللام، ونحو: تصلى امرأة الفجر، سقطت الياء لالتقائها بالميم الساكنة.

سابعاً - وقد يقع الحذف جوازاً للتخفيف، و تناسب الفواصل، لأسباب تقتضيه، فتجرى الحذف لتناسب الفواصل، وقد جاء ذلك في القرآن الكريم لقراءة ابن عامر، وعاصم، وحمزة، والكسائي وخلف قوله تعالى: ﴿إِنَّ رَبَّكَ لَبِالْمِرْصَادِ﴾ [الفجر:١٤] بحذف الياء، و القياس أن يقال : يسرى، وقد حذفت الياء، في الوصل والوقف، وقرأها ابن كثير، ويعقوب بإثبات الياء في الوصل والوقف، قرأها أبو جعفر، ونافع وأبو عمرو وقتيبة عن الكسائي بإثبات الياء في الوصل وحذفه في الوقف [٦٣].

وقولة تعالى: ﴿الْكَبِيرُ الْمُتَعَالِ﴾ [الرعد:٩] قرأ ابن كثير ويعقوب بإثبات الياء في الوصل والوقف، و قرأ الباقون بحذف الياء في الوصل والوقف، وهو ما عليه معظم القراء [٦٤].

وحذف حرف العلة في الوقف والوصل في بعض الأسماء، وجاء على ذلك: عمرو ابن العاص (رضي اللـه عنه)، فالياء حذفت من «العاص « وقفاً ووصلاً وأحوال الإعراب رفعاً ونصباً وجراً، والقياس إثبات الياء «العاصي»، والمشهور إثبات الياء.

حذف الألف: ويقع ذلك في المواضع الآتية :

- المصدر من أفعل فيما كانت عينه واو نحو: أعاد: إعادة، والأصل: إعواد وزن إفعال، مثل: أحسن إحسان، فنقلت فتحة الواو من إعواد إلى الساكن الصحيح قبلها، «إعاد» فوجب حذف أحد الألفين، وعوض عن الألف المحذوفة بتاء التأنيث، واختلف العلماء في وزن المصدر، فبعضهم يرى أن المحذوف الألف الأولى التي قلبت عن واو الفعل، وهي في موضع العين، فوزنه: إفالة، ورأى آخرون أن المحذوف الألف الزائدة في وزن المصدر «إفعال»، فوزن المصدر: إفعلة . ويقاس على ذلك كل فعل أجوف على وزن أفعل، والتاء عوض عن المحذوف، ولم تزد التاء في بعض المصادر، منها (إقام) في قوله تعالى ﴿وَإِقَامِ الصَّلَاةِ﴾ [النور:٣٧] قيل حذفت التاء للإضافة التي نزلت موضعها.

---

٦٣ () ارجع إلى: المبسوط في القراءات العشر للأصبهاني، (طبعة دمشق)، ص ٤٧١ والكتاب لسيبويه، جـ١٨٥/٤.

٦٤ () المبسوط ص ٢٥٤، والكتاب جـ ١٨٥/٤، والتتمة ص ١٦١.

مصدر الفعل معتل العين زنة استفعل نحو: استقام: استقامة، والأصل: استقوام زنة استفعال، فانتقلت الفتحة إلى الحرف الساكن قبل الواو، فقلبت الواو ألفاً: استقام، فالتقى ساكنان وعوض عن المحذوف بتاء زائدة: استقامة. وله وزنان: استفعلة عند من رأي حذف الألف الثانية، واستفالة عند من رأى حذف الألف الأولى التي قلبت عن واو، وهي عين الكلمة.

- أن تقع الألف منقلبة عن واو في عين الأجوف فيحذف الألف عند سكون لام الفعل في الجزم والبناء على السكون نحو: خاف: لم يخف، والأمر منه: خف، والأصل: خوف، تحركت الواو بالفتح وانفتح ما قبلها، فقلبت ألفاً، أو أن تقع الألف منقلبة عن ياء نحو: هاب: لم يهب.

- أن تقع الألف منقلبة عن ياء نحو: باع من بيع، يال: لم يبع والأمر منه: بع، ومصدر أفعل: إفعال فيما كانت عينه ياء نحو: أبان إبانة، والأصل: إبيان، فانتقلت فتحة الياء إلى الساكن قبلها، فقلبت الياء ألفاً «إباان»، فوجب حذف أحد الألفين، فصارت إبان، عوض عن المحذوف بتاء: إبانة، ومثله مصدر: استفعل: استفعال، نحو: استضاف: استضافة.

- أن تقع الألف منقلبة عن ياء في وزن اسم المفعول من الأجوف نحو: باع: مبيع، والأصل: مبيوع، فنقلت الضمة من الياء إلى الساكن قبلها فسكنت الياء، فالتقى ساكنان (الياء والواو)، و رأى بعض العلماء حذف الواو الثانية؛ لأنها زائدة وأقرب إلى آخر الكلمة فصارت مبيع، ثم أبدلت وقلبت ضمة الياء كسرة لتناسب الياء فصارت مبيع، زنة: مَفْعَل، ورأى آخرون حذف الياء، فصارت «مبوع »، ووزنه مفول، ثم قلبت الواو ياء للتفرقة بين ما عينه واو وما عينه ياء ثم أبدلت الضمة كسرة فصارت: مَبِيع زنة مَفِيل، ومثله: صاد: مصيد، ومقيس، ومشيد [٦٥].

---

٦٥ () لا يقع حذف في وزن اسم المفعول مما لامه واو أو ياء مثل: دعا: مدعوّ، والأصل: مدعوو، زنة مفعول، توالت واوان والأولى ساكنة فأدغمت الواو في الواو. ومثل: هدى: مهدى، والأصل: مهدوى، وقعت الواو ساكنة قبل ياء، فقلبت ياءً، ثم أدغمت الياء في الياء وكسر ما قبلها ليناسبها.

وتحذف الألف من آخر المعتل سواء أكان أصلها واواً أم ياء في المواضع الآتية:

الجزم في الأفعال نحو: لم يدع، وأصل: الألف في دعا واو، فبقيت الضمة في العين دليلاً عليها، ونحو: لم يقض، أصل الألف ياء في قضى، وبقيت الكسرة في الضاد (الحرف الأخير) دليلاً عليها، ومثل ذلك اسم الفاعل من معتل اللام، وهو نكرة نحو: قاضٍ، ماضٍ، داعٍ، فالمحذوف الياء، وهي في ماضي الفعل ألف، والألف منقلبة في قاضٍ عن ياء، وفي داع عن واو، وقد حذفت الياء لالتقائها بتنوين التنكير، والتنوين بمنزلة السكون، فحذفت الياء وعوض عنها بتنوين العوض.

حذف الهمزة الزائدة من وزن أفعل في المضارع، نحو:

١- المضارع: أكرم: يُكْرم، والأصل: يُؤَكْرِم (مثل يُدَحْرِج)، فحذفت الهمزة لاستثقالها في النطق بعد همزة المضارعة في: أؤكرم، فحذفت الهمزة الثانية لثقلها، فقيس عليه بقية حروف المضارعة التي حملت عليها في الحذف.

٢- اسم الفاعل نحو: أكرم مُكرم، والأصل: مؤكرم.

٣- اسم المفعول على وزن مُفْعل: مُكْرَم.

٤- المصدر الميمي على مُفْعَل: مُكْرَم.

٥- اسما المكان والزمان: أخرج، أدخل، يقال: مُخْرج، مُدْخل، وجاء ذلك في قوله تعالى: ﴿ وَقُل رَّبِّ أَدْخِلْنِى مُدْخَلَ صِدْقٍ وَأَخْرِجْنِى مُخْرَجَ صِدْقٍ ﴾ [المؤمنون:٨١]. وذلك على من رأى أن المدخل الصدق المدينة، والمخرج الصدق من مكة فقد خرج منها، وهو صادق.

* * *

الإدغام

الإدغام: إدخال حرف في حرف مثيل له أو يجانسه مجانسة تامة أو إدخال حرف في حرف يشبهه ويشترك معه في مخرجه وجزء من صفاته.

ومثال الأول: مرّ، والأصل: مرر الراء الأولى من جنس الثانية، فسكنت أولاً - ثم أدغمت في الثانية المتحركة، فصارت مر. ورُمز للمضعف برمز « ّ » ويعرف بالشدة.

والتضعيف تكرار حرف من الكلمة في موضعه، ويقع في نوعين من الفعل، أولهما ثلاثي، نحو: مد، شد ويسمى مضاعف الثلاثي، وثانيهما الرباعي نحو: وسوس، زلزل ويسمى مضاعف الرباعي، ويقع التضعيف غالباً في عين الفعل ولامه، ورأى بعض العلماء أن الفاء تكرر أيضاً وذلك في الأسماء نحو: قُرْقُف، وسُنْدُس [٦٦].

فمضعف الرباعي تكون فاؤه ولامه الأولى من جنس وعينه ولامه الثانية من جنس، مثل: دمدم وعسعس، ويؤخذ من أسماء الأصوات بتكرير الصوت، نحو: سأسأ، وشأشأ، وصرصر، ولا يقع إدغام في هذا النوع لعدم تجاور الحرفين المتجانسين.

وأما مضعف الثلاثي فهو: ما كانت عينه ولامه من جنس واحد، ولا يدخل في هذا النوع مالم يكن الحرف المضعف في مقابل العين واللام نحو: اجلوَّذ، واعلَّوط، فالواو المضعفة حرف زائد، لا تقابل العين واللام.

ولا يدخل فيه ما كان فيه حرفان من جنس واحد، وأحدهما في مقابل العين، والثاني ليس في مقابل اللام، نحو: قطّع، زيَّن، فإن الحرف الثاني من الحرفين المتجانسين في هذين المثالين وأشباههما ليس مقابلاً للام الكلمة وإنما هو تكرير لعينها، وقد يقع التكرير في مقابل اللام والآخر من المكررين ليس في مقابل العين نحو: احمر، واحمار واقشعرّ، واطمأن، فإن أحد الحرفين المتجانسين في هذه الأمثلة ليس في مقابل العين، بل هو تكرير

٦٦ () أوضح المسالك إلى ألفية ابن مالك، لابن هشام، تحقيق محمد محيى الدين عبد الحميد، ط ٤ / ١٣٧٥ هـ جـ ٣٦/٣. المضعف: تكرار الصوت في موضعه دون دخول آخر فيه، ودخول صوت في آخر الإدغام؛ وأرى أن مصطلح المضعف يطلق على ما كرر في موضعه مثل: كسَّر، حطم، ومصطلح المدغم يطلق على حرف أدخل في آخر.

للام الكلمة. ولا يسمى هذان النوعان مضعفين اصطلاحاً، وإن جرت عليهما أحكام المضعف من حيث الإدغام والفك، وذلك بسبب وقوع الحرفين المتماثلين متجاورين في آخر لفظ الفعل [٦٧].

والتكرير تكرار حرف واحد في موضع واحد أو موضعين، أو تكرار حرفين، وهي نوع من الزيادة في الكلمة، وهي أربعة أنواع [٦٨]:

الأول - أن تكرر العين وحدها مثل: قطّع، وقطّاع، وضرّب، وضرّاب.

الثاني - أن تكرر العين مع اللام مثل: صمحمح (الغليظ الشديد).

الثالث - أن تكرر اللام وحدها، مثل: جلبب، معدد (الضعيف الجبان، أو أقرب العشيرة نسباً إلى الجد)، ويزاد الحرف الأخير فيها للإلحاق.

الرابع - أن تكرر الفاء مع العين نحو: مرمريس (الداهية)، و مرمريت (الأرض القفر).

وزاد ابن هشام في ذلك تكرار الفاء وحدها نحو: قُرقف وسُنْدُس، والعين المكررة المفصولة بأصل نحو: حدرد.

وهذا النوع من التكرير لا يقع فيه إدغام؛ لأنه يقع فيما كانت عينه ولامه من جنس واحد نحو: مد، شد، عد، و امتد، واستبدّ، واستمرّ.

شروط إدغام الحرفين المتماثلين (جنسهما واحد) المتحركين وجوباً:

١- أن يكونا في كلمة واحدة، نحو: مر، شد (وزن فَعَل).

٢- ألا يقع الحرفان في صدر الكلمة، فلا تدغم الدال في كلمة ددن (اللهو)، لأن الدال وقعت في أول الكلمة، ويلزمها التحريك.

٣- ألا يكونا في اسم على وزن فُعَل نحو: صُفَف (جمع: صُفَّة) وُدَرر: جمع دُرّة.

٦٧ () ارجع إلى الملحق الذي اختتم به محمد محيي الدين عبد الحميد، شرح ابن عقيل.

٦٨ () التتمة، ص ٥٧.

٤- ألا يكونا في اسم على وزن فُعُل نحو: ذُلُل جمع ذلول (سهلة) وجُدُد (بضمتين) (جمع جديد).

٥- ألا يكون في اسم على وزن فَعَل نحو: اللَّبب(موضع القلادة من الصدر)، ونحو: الطلل (ما شخص وارتفع من آثار الديار).

٦- ألا يكون أول المثلين مدغم فيه مثل: جُسَّس (جمع جاس).

٧- ألا تكون حركة الثاني عارضة نحو:" أُخْصُصَ أبي " فحركة الصاد عارضة، لأن الأصل فيها السكون، لكنها تحركت بالفتح، وهي حركة الهمزة، ومثلها "اخصص امرأتك بخير"، الكسرة في الصاد عارضة؛ لأنها تحركت بحركة همزة الوصل، وسبب التحريك التقاء الساكنين.

٨- ألا يكون الحرف المكرر زائداً؛ ليلحق الوزن بوزن آخر يزيد عليه حرفاً، نحو: جَلْبَبَ، ليلحق بالرباعي المجرد: دحرج، والباء الثانية زائدة "ومثله" في الأسماء قرْدد، ومَهْدد، والدالان زائدتان للإلحاق.

ولم يجيء المضاعف من بابي فَتَحَ يفتح، وذلك بفتح العين في الماضي والمضارع، أو كسرها، ولا يأتي من باب كَرُم يَكْرُم، بضم العين في الماضي والمضارع. وقد شذ عن ذلك الأفعال: لبُبْتُ وفككت أي صرت ذا لب وفكة.

ويأتي المضاعف مما كسرت عين مضارعه نحو: شد: يشد، وما ضمت عين مضارعه نحو: شد يَشدُّ. وما فتحت عين مضارعه نحو: ظل: يظل.

ومثل ذلك: رد، والأصل: ردد، ضن: وأصله ضنن (بخل)، ولبّ (صار لبيباً — تام العقل)، والأصل لَبُبَ.

* * *

رمز الشدة أو التضعيف

و الشدة (أو التضعيف) يرمز لها برأس السين (ّ) ويوضع هذا الرمز فوق الحرف الصحيح المضعف [٦٩].

والتضعيف عبارة عن حرفين متماثلين تماثلاً تاماً ، فالتماثل التام يقع بين حرفين من جنس واحد نحو الدال في شد، ومد، فالأصل شدد، ومدد وقد يقع بين حرفين ليسا من جنس واحد، وفيهما صفات تجمع بينهما، مثل: ادّكر بناء افتعل من ذكر. وسوف نبين ذلك مفصلاً، وقد يقع التضعيف في حرف واحد لعلة نحوية أو دلالية، فالنحوية نحو فرّح، كرّم وقع التضعيف للتعدية يقال: فَرَّحَ زيد عمراً. وكرَّم محمد علياً. والدلالية ، وهي المبالغة نحو: قتَّل، كسَّر.

مواضع التضعيف:

لا يقع التضعيف في أول الكلمة مطلقاً، لأن الأول من المضعفين ساكن والعربية لا تبدأ بساكن، إضافة إلى أن التضعيف ثقيل، فلا يقع في أول اللفظ.

ويقع التضعيف في عناصر اللغة الثلاثة الحرف، والاسم، والفعل.

أولاً- الحرف

ونعني به الحرف المركب لا المفرد، والحرف المركب ما زادت بنيته عن حرف فأكثر، نحو: عن، في، من، والتضعيف يقع في الثلاثي منها، فلا يقع في أول الكلمة، بل في الثالث والرابع أو الأخير وما قبله إن لم يقع أولاً، وذلك نحو: إنَّ، أنَّ، لكنّ، ثمَّ، حتىَّ، ويقع ذلك في حرفين متصلين نحو: كأن، لما، إلا، أو ثلاثة نحو: لئلا (الأصل: لأن لا) .

ثانياً- الاسم

ويشمل كل أبنيته، نحو: المد، والعض، القد (القامة والقوام)، فالأصل، مدد،

عضص، قدد.

واختلف العلماء فيما قيل إنه ثنائي الأصل نحو: دم، أخ، عم، يد، فقيل هي ثلاثية حذفت اللام فيها، ويرد المحذوف في النسب أو التثنية أو الجمع، فيقال: دماء، والأصل: دَمَيَ: دمياً، ودماي وزن فِعال، تطرفت الياء بعد مدد، فقلبت همزة، وأخ: إخوة، وإخوان. وكذلك عم: أعمام، و «يد» ثالثها الياء، فالجمع: أيادي، وأيدٍ (الأيدي)، ويأتي التضعيف في صيغ المبالغة نحو: علاّمة، فهّامة، الفتّاح، السفّاح، واسم الآلة على وزن فَعّالة نحو: غسّالة.

ثالثاً- الإدغام

في الفعل، ويقع ثانيه وآخره، ولا يقع أوله البتة كالحروف والأسماء، فيقع في الثلاثي آخراً نحو: مد، شد.

ويقع التضعيف في مزيد الثلاثي ليكون متعدياً رباعياً نحو: كسّر، فرّح، كرّم.

ما يجب إدغامه

لا يفك التضعيف في المواضع الآتية :

١- أن يتصل بالفعل ضمير رفع غير متحرك نحو:

* ألف الاثنين، نحو: مرَّ، يقال: الولدان مرَّا وشدَّا، لم يفك التضعيف، لأن ألف الاثنين ساكنة ويلزمها أن يتحرك ما قبلها، فلم يفك التضعيف.

* واو الجماعة نحو: الأولاد مرّوا، وشدّوا.

* ياء المخاطبة المؤنثة، نحو: مُرّى، ورُدّى، وشُدى.

* أن تتصل بالفعل المضعف تاء التأنيث نحو: ملّت فاطمة، ومدّت، وعدّت.

ويجوز الإدغام في المواضع الآتية :

- أن يكون المثلان تاءين، فيجوز الفك والإدغام، فوجه فك الإدغام أن المثلين (التاءين) مصدّران، وقد ذكرنا في موانع الإدغام ألا يتصدران الكلمة، ومن أدغم أراد التخفيف، وذلك نحو: تتجلى، وإن وقع فيه إدغام زيدت همزة وصل، ليتوصل

بها إلى النطق بالساكن.

نحو: استتر بسكون آخره، فالفك لسكون ما قبل المثلين، ويجوز الإدغام بعد نقل حركة أول المثلين إلى الساكن نحو: ستَّر يستّر ستّاراً.

ويقال في تتعلم وتتنزل وتتبين، ونحوها: تعلَّم، وتنزَّل، وتبيَّن، بحذف إحدى التاءين وإبقاء الأخرى، ومنه قوله تعالى: ﴿ تَنَزَّلُ ٱلْمَلَٰٓئِكَةُ وَٱلرُّوحُ فِيهَا ﴾ [القدر:٤].

- ما كان المثلان فيه ياءين لازماً تحريكهما، نحو: حَيِي، وعيي، فيجوز الإدغام، نحو: حي، وعي، ويمنع الإدغام فيما كانت حركة أحد المثلين عارضة نحو حركة النصب في: لن يحيى.

- أن يكون آخر الفعل المسند إلى الاسم الظاهر أو المستتر ساكناً (مجزوماً، أو مبنياً على السكون) فإذا دخل عليه جازم جاز الفك، نحو: لم يَحْلُلْ، ومنه قوله: ﴿مَن يَرْتَدَّ مِنكُمْ عَن دِينِهِۦ﴾ [المائدة:٥٤]، وقوله: ﴿وَمَن يَرْتَدِدْ مِنكُمْ عَن دِينِهِۦ﴾ [البقرة:٢١٧] وجاز الإدغام، ومنه قوله تعالى: ﴿وَمَن يُشَآقِّ ٱللَّهَ﴾ [الحشر:٤] وقال تعالى: ﴿وَمَن يُشَاقِقِ ٱللَّهَ وَرَسُولَهُۥ﴾ [الأنفال:١٣] والأمر نحو: أحلل، وإن شئت قلت: حُلَّ، فحكم الأمر حكم المضارع المجزوم.

- أن يسند الفعل إلى ضمير مستتر نحو: غُض من صوتك، واغضض، قال تعالى: ﴿وَٱغْضُضْ مِن صَوْتِكَ﴾ [لقمان:١٩] ويجوز في حركة المدغم في غضّ الفتح والكسر والضم، يقال غضَّ طرفك وغُضُّ طرفك، وغُضِّ طرفك.

ما لا يجوز إدغامه:

- أن تكون حركة أحد المثلين عارضة بسبب العامل نحو: لن يحييَ. تحركت الياء الآخير بالفتح، لأنها في موضع نصب، والإدغام لا يظهر حركة الإعراب، ولا يجوز تسكين ما قبله لوجود سكون فيما سبقه.

- أن يتصل بالفعل المدغم عينه في لامه ضميرٌ رفع متحرك يلزمه سكون ما قبله، فيجب فك الإدغام نحو «نا» الفاعلين في مثل: حللنا، ونون النسوة نحو: حللن، وتاء الفاعل نحو: حللت.

ويفك الإدغام في المواضع الآتية :

١- أن يتصل بالفعل الماضي ضمير رفع متحرك يلزمه سكون ما قبله نحو:

* تاء الفاعل، نحو: ردَّ، يقال: ردَدْت، فك التضعيف؛ لأن تاء الفاعل يسكن ما قبلها، فلما سكنت الدال الثانية، تحركت الدال الأولى في المضعفين، ففك التضعيف.

* نا الفاعلين، نحو: ردَّ، يقال: ردَدْنا، مدَدنْا. فك التضعيف، لأن «نا « الفاعلين يسكن ما قبلها، فتحرك الأول من المضعفين؛ لئلا يلتقى ساكنان، ففك التضعيف.

* نون النسوة، نحو: مرَّ، يقال: النساء مررن، ومللن.

٢- أن يتصل بالفعل المضارع نون النسوة، نحو: النساء يمررن، ويشددن.

٣- الأمر المسند إلى نون النسوة، نحو: أيتها النساء اُمررن، واشددن.

وإن كان الماضي المسند للضمير المتحرك مكسور العين نحو: مل، وظل، جاز فيه ثلاثة أوجه:

الأول - بقاؤه على حاله نحو: ملَّ، وظلَّ.

الثاني - حذف عينه مع بقاء حركة الفاء على حالها — وهي الفتحة — يقال: ظِلت، ومَلت، وقد جاء عليها قوله تعالى: ﴿فَظَلْتُمْ تَفَكَّهُونَ﴾ [الواقعة:٦٥]، قوله تعالى: ﴿ٱلَّذِى ظَلْتَ عَلَيْهِ عَاكِفًا﴾ [طه:٩٧].

الثالث - حذف العين بعد نقل كسرتها إلى الفاء، يقال: ظلت، وملت.

٤- أن يراد بالفعل زنة أفعل التعجب، فيجب فكه نحو: أحبب بزيد، واشدد ببياض وجهه.

- ألا يمنع مانع تحريك ثانيهما، فلا يدغم الثلاثي الذي ثانيه وثالثه من جنس واحد في صيغة المد لسكون آخره، فيلزمه فك التضعيف، ولا يصح إدغامه نحو: اخصص.

والنوع الثاني- إدغام الحرفين المتقاربين اللذين يشتركان في المخرج صفة أوصفتين شريطة أن يتصلا في اللفظ فلا يفصل بينهما فاصل «حرف آخر»، وهذا النوع يقع في

الكلمة الواحدة، وقد يقع بين كلمتين متصلتين لفظاً أو نطقاً، وما يقع في الكلمة نحو: اذتكر، اذدكر، ادّكر، أصل الدال الثانية تاء، فقلبت التاء دالاً، ثم أدغمت فيها الذال، وهي وزن افتعل.

ومثل: اتعد، والأصل: اوتعد، فأبدلت الواو تاء، وأدغمت في تاء « افتعل »، واطرد، والأصل: اطترد، قلبت التاء طاء، اططرد ثم أدغمت الطاء في الطاء.

* * *

تصريف الأفعال في الأزمنة

الزمن ماضٍ ومضارع، فالماضي تام الحدوث في زمن سابق، والمضارع على قسمين قسم يدل على الحال نحو: يأكل، يشرب، وهذا الزمن مستمر في الاستقبال، وزمن منقطع للاستقبال نحو: سيأكل، سيشرب، وسوف يشرب وسوف يأكل، والأمر: طلب وقوع الحدث في المستقبل نحو: اذهب، واشرب، واخرج، ويأتي المضارع من ماضي الأفعال على النحو الآتي:

- **وزن "فَعَل** « (بفتح العين) ويكون متعدياً كـ»ضرب «، وقتل، وغير متعد كـ «ذهب» و»جلس « ، ويأتي مضارع هذا الوزن، بكسر عين الفعل، وفتحها وضمها:

فما يأتي بكسر العين نحو: ضرب: يضرِب، جلس: يجلس.

ويأتي بضم العين نحو: قتل: يْقُتُلُ. وكتب: يكْتُبُ، وسمع في بعض الأفعال الضم والفتح نحو: برأ: يبَرأُ ويبُرؤ، صبغ يصبَغُ ويصْبُغ، فرَغ: يفرَغ، ويفرُغ والفتح والكسر نحو: عرش يَعْرَشُ، ويْعِرشُ. ونفر: ينفَرُ، ويَنْفِرُ. عكف: يعكَفُ ويعكِفُ، والضم والكسر نحو: شتم يشْتُمُ، ويشْتِمُ، فإن التبس عليك منه شيء، فالأولى الكسر؛ لأنه الأصل.

فإن كانت عين الفعل حرف من حروف الحلق - وهي عند القدماء: الهمزة، والهاء، الحاء، والعين، والخاء، والغين — فتحت عينه في المضارع نحو: سأل : يسأَلُ: قرأ: يقرَأ، وذهب: يذهَبُ، وجبه: يجبَهُ: ولحم: يلحَمُ، لمح: يلمَحُ، جعل: يجعَلُ. جمع: يجمَع: شخص: يشخَص. وشغب: يشغَبُ. لدغ: يلْدَغ.

وقد جاء بعض أفعال هذا النوع مما عينه أو لامه حرف حلقي مكسور العين مخالفاً ما سبق نحو: رجع: يرجِع. ونزع: ينزِع. نكح: ينكِح. نحت: ينحِت. وزأر: يزئِر.

وجاء بعضه مضموم العين: شحب: يشحُبُ، لغب: يلغُبُ. وصلح:يصلُحُ. وسهم: يَسْهُمُ.

وجاءت بعض الأفعال مفتوحة العين، وليست عينها ولامها أحد حروف الحلق،

وهي: قلى: يقلى. وغسى الليل: يغسَى، (أظلم)، وأبي: يأبى. ركن: يركَنُ.

ومصدر الثلاثي فَعَل غير قياسي، وله أوزان عديدة تحفظ لعدم اطراد القياس فيها، فمصدر المتعدى منه على وزن فعل، تقول: ضرب: ضرباً. وأكل: أكْلاً. ومصدر غير المتعدى على فعول نحو: خرج: خُروجاً، ودخل: دخولاً، وهذا غير مطرد.

وقد جاء مصدر «فعَل» (بفتح العين) على اثنى عشر بناء، والأصل منها ما سبق، ونذكر منها: فِعَال نحو: نفر: نفاراً، وأبق: إباقاً، فر: فراراً. ووزن فعال نحو: خفق: خفقاناً، وجاء فيه خُفوقاً. وحال: حولاناً. وطار: طيراناً. ووزن فعيل نحو: رحل: رحيلاً، ودب: دبيباً. ووزن فعالة نحو: ساس: سياسة. وصنع صناعة. ووزن فعال نحو: صراخ، بكاء. ومصدر المرة الواحدة منه «فعْلة « نحو: ضرب:ضَرْبة، وجلس: جَلْسَة.

وزن «فَعِل « (بكسر العين)، ويدل هذا الوزن على الغرائز، والطباع، ويدل على اللزوم والتعدية، وجاء بعضها مفتوح العين، فاللازم نحو: جَزِعَ: يجزَع. وَحزِن: يحزَن.

والمتعدى نحو، شرب يشرَب، طَعِمَ: يطعَم، بَلِغَ: يبلغ، رَكب يركَبَ، عَلِمَ: يعلَم، وبعضها تكسر عينه نحو: نعم: ينعم، حسب: يحْسِب.يئس ييئس، يبس: ييبس. ورث: يرث. وثق: يَثِق. وفق: يفِق. وبعضها تضم عينها: فضل: يفضُل. حَضِر: يحضُر.

والمصدر من غير المتعدى يأتي على وزن «فعَل « يفتح العين نحو، جزع: جزعاً. طرب: طرباً. وسقماً: سقما. وبخل: بخلاً.

ومصدر المتعدى منه على وزن فَعْل نحو، شَرِب شرْباً، وبلع: بَلْعَاً. وقَضِم: قَضْمَاً، وقد جاءت مصادر منه على غير ذلك.

وزن «فعُل « وجميعه لازم غير متعد، وهو مضموم العين: شَرُفُ: يَشْرُفُ، وحَسُنُ: يحسُنُ.

وبطل: يبطُلُ. كرم: يكرُمُ: ظرُفَ: يظرُفُ. حَمُضَ: يحمُضُ.

والمصدر منه على وزن فعالة نحو: ظرف: ظرافة، كرم: كَرَامة.

وجاء المصدر منه أيضاً على وزن فَعَل نحو: شرف: شَرفاً، وكَرُم: كَرَماً. وجاء على

وزن «فعُل « نحو: بَطُؤَ: بُطئاً.

وزن «فعلل» الرباعي المجرد: والمضارع منه يأتي على وزن واحد» «يُفَعْلِل « (بضم حرف المضارعة وكسر ما قبل الآخر نحو: دحرج: يُدَحْرِج. زلزل: يُزَلْزِل. ومصدر هذا الوزن يأتي على وزن فَعْلَلَة وفِعْلال، نحو: زَلزلة، زلزال.

وزن «أفعل « يفعل المتعدى بالهمزة نحو: أقبل: يُقْبِل. أَقْدَمَ: يُقْدِمُ. أنجب: يُنْجِبُ. أدخل: يُدْخِل، أَخْرَجَ: يُخْرِج. والمصدر: إفعال نحو: إِخراج، إِقبال، إِنجاب.

وزن «فاعل: يُفَاعِل « خاصم: يُخَاصِم. قاتل: يُقَاتِلُ. ومصدره: فِعَال ومفاعلة: خِصَام، مُخَاصَمة.

وزنَ «فعَّلَ «: يُفَعِّل: حطَّمَ: يُحَطم. مَرَّض يُمرِّض. علَّم: يُعلِّم. والمصدر تفعيل: تحطْيِم، تمْريض.

وتأتي بعض مصادره على فِعال نحو: كذب: كذاب. ﴿وَكَذَّبُواْ بِـَٔايَٰتِنَا كِذَّابًا﴾ [النبأ:٢٨]. وجاء أيضاً على وزن تِفْعَال نحو: طَوَّف: تطْوَاف، جوّل: تِجْوَال.

وزن «انفعل « ويدل على المطاوعة ومضارعه: «ينْفَعِل «، نحو: انصرف: ينصرف. وانكسر ينكسر. والمصدر: انفعال: انصراف، انكسار.

وزن افتعل: يفتعل، نحو: اكتسب: يكتسب، اتحد: يتحد. اقتتل: يقتتل، والمصدر: افتعال: اقتتال، اتحاد.

وزن افعلّ: يفعل، وأصله: افعلل، فأدغمت اللام الأولى في الثانية كراهية التكرير نحو: احمرّ: يحمر، واسودّ: يسود، والمصدر: افعلال نحو: اسوداد. احمرار.

وزن تَفَعّلَ: يتفعل: تكلّف: يتكلف. تقطَّع: يتقطع، والمصدر: تَفَعُّل نحو: تكلُّف، تقطُّع.

وزن تفعلل: يتفعلل: تدحرج: يتدحرج، والمصدر: تدحرج

وزن تفاعل: يتفاعل ، نحو: تطاول: يتطاول، وتعاون: يتعاون.

والمصدر تفاعل نحو: تطاول، تعاون.

وزن استفعل: يستفعل، نحو: استخدام: يستخدم، استسقى: يستسقى، والمصدر: استفعال: استخدام. استسقاء.

وزن افعنلل: يفعنلل نحو: احْرَنْجَم (اجتمع): يَحْرَنجِمُ والمصدر: افعنلال: احرنجام.

وزن افعلل: يفعلل، نحو: اقمطرَّ (اشتد): يقمطرّ، والمصدر: افعلّال: اقمطرار. اقشعرّ : اقشعرار.

وتوجد أوزان أخرى غير مشهورة، نادرة الاستعمال.

* * *

بناء المشتقات من الأفعال:

١- اسم الفاعل: ويبنى من الثلاثي على وزن «فاعل »، نحو: قَتَل فهو قاتل، وزرع فهو زارع، وجلَس، فهو جالس، وشرب، فهو شارب. ندم، فهو نادم. ومكث: ماكث، حَمُض: حامض.

واسم الفاعل من الرباعي المجردْ فَعْلَلَ على وزن مُفَعْلِل نحو، دَحْرَج: مُدَحْرِج. زلزل: مُزَلْزِل.

واسم الفاعل من غير الثلاثي تزاد ميم مضمومة في أوله، ويكسر ما قبل آخره، نحو: أكرم: مُكْرِم، أخرج: مُخْرِج. واسم الفاعل من «فاعل « مُفَاعِل. عاون: مُعَاوِن. وافتعل: مُفْتَعِل نحو: اتحد: مُتَّحِد، وتفعَّل: مُتَفَعِّل، وتصالح: مُتَصَالِح. تطاول: مُتَطَاوِل.

٢- اسم المفعول: ويبنى من الفعل المتعدى فقط، فيبنى من الثلاثي على وزن مفعول نحو: وزن: مَوْزُون، قال: مقول. وخاط: مخيط، دعا: مدعو، قضى: مقضىّ.

ويبنى اسم الفاعل من غير الثلاثي على وزن المضارع، ويبدل حرف المضارعة ميماً مضمومة، ويفتح ما قبل آخره نحو: أكرم: مُكْرَم، أعطى: مُعْطٍ، أعان: مُعَان. علّم: مُعَلَّم. وهذّب: مُهَذَّب. احتضر: مُحْتَضَر، استطر: مُسْتَطَر. واستفعل: مُسْتَفْعَل.

٣- الصفة المشبهة: وتأتي على وزن "فَعِل "، ومؤنثه فَعِلَة نحو: فرح، بطر، طمع، تعب، المؤنث: فَرِحَة، طَمِعة، وأفعل نحو: أحسن، أسلم، أدنى، أصغر. أحمر، والمؤنث: حسنى، سُلْمى، دُنيا. صُغْرى.

وزن فَعْل نحو: ضَخْم، شَهْم، صَعْب. ومؤنثه فَعْلة: ضخمة، صعبة، وزن فعيل ومؤنثه فعيلة نحو: جميل، ظريف: جميلة، ظريفة وفعيل وفَعْلى وفعلاء نحو: سليم: سَلْمَى وسلماء.

وزنُ فُعَال نحو: عُجَاب، شُجَاع. وزن فَعَّال نحو: جبان، حَصَان.

وزن فعال: هَجَان، كَنَاز.

"وفَعَل ": حَسَن، بَطَل.

"وفُعُل ": جُنُب، وزن فُعْل: صُلْب: حُرّ [٧٠].

٤- اسم التفضيل: يبنى على وزن "أفعل " فيما فيه مفاضلة بين طرفين، ومؤنثه "فُعْلى "، للدلالة على زيادة أحد طرفي التفاضل على صاحبه بينهما من وجه تفاضل أو اشترك في صفة، نحو: أحسن، وأكثر، وأعلم نحو: على أعلم من خالد، وأكرم منه، وأكثر منه مالاً، وقد تحذف من نحو: ﴿ أَنَا۠ أَكۡثَرُ مِنكَ مَالٗا وَأَعَزُّ نَفَرٗا ﴾ [الكهف:٣٤].

ويشترط في الفعل الذي يشتق منه التفضيل أن يكون ثلاثياً مجرداً، وأن يكون متصرفاً، وأن يقبل التفاضل في معناه، وأن يكون تاماً، وأن لا يكون الوصف منه على وزن أفعل ومؤنثه فعلاء، فلا يبنى من أبيض، لأن مؤنثه: بيضاء، وأن يكون مبنياً للمعلوم.

٥- اسما الزمان والمكان: ويأتي اسم الزمان والمكان من الثلاثي على الأوزان الآتية:

* وزن: «مَفْعَل « (بفتح العين)، وتصاغ من الثلاثي على النحو: سعى: مَسْعَى، رمى: مَرْمَى. أوى: مَأْوى، شَرِبَ مَشْرب. لجأ: مَلْجَأ.

* وزن «مَفْعِل» (بكسر العين)، نحو: غرس: مَغْرِس، جَلَس: مَجْلس. قَصد: مَقْصِد. ضَرَب: مَضْرِب.

ويبنى من الأجوف الواو بكسر العين نحو: موعد، موقف. موزن، مَوْلِد.

ويبنى اسم الزمان والمكان من غير الثلاثي على وزن اسم المفعول نحو: أدخل: مُدْخَل. ارتفق: مُرْتَفَق، انطلق: مُنْطَلق. ويفرق بين اسم الزمان والمكان بقرينة لفظية تزاد، وذلك فيما يجوز منه الوجهان نحو: مقام نحو: مقام القطار الساعة الواحدة. وهذا موضع مقام إبراهيم.

٦- اسم الآلة: ويصاغ من الثلاثي للدلالة على الأداة على وزن مِفْعَل،

---

٧٠ () بعض الصفات للمؤنث فقط نحو: حصان بمعنى محصنة، وجنب، وبعضها يستوي فيه المذكر والمؤنث وهو بناء فعيل فيما كان بمعنى مفعول نحو: جريح، قتيل. ارجع إلى كتابنا المذكر والمؤنث وحديثنا عن الصفات.

ومِفْعَلَة، مِفْعَال نحو: مِبْرَد، مِثْقَب، مِخْلَب، مِفْتَاح، مِنْشَار، مِشْراط، مِسْطرة، مكنسة، مصفاة، مرآة.

إسناد الأفعال إلى الضمائر

الفعل ثلاثة أنواع ماضٍ، ومضارع، وأمر، ولكل نوع منها قواعد في الإسناد:

أولاً- إسناد الماضي إلى الضمائر يتصرف الماضي — باعتبار اتصال ضمائر الرفع — إلى ثلاثة عشر وجهاً، اثنان للمتكلم، وهما تاء الفاعل نحو: نصرت، ونا الفاعلين نحو نصرنا، وخمسة للمخاطب، وهي تاء المخاطب نحو نصرت، وتاء المخاطبة نحو: نصرتِ، والمخاطبين نحو نصرتما، والمخاطبين: نصرتم، والمخاطبات: نصرتُن، وستة للغائب، وهي: المفرد الغائب وضميره مستتر نحو: نصر، والمفردة الغائبة نحو: فاطمة نصرتْ، وألف الاثنين نحو: نصرا، و واو الجماعة نحو: نصروا، ونون النسوة نحو: البنات نصرن[٧١].

ويفتح الحرف الأخير من الماضي الصحيح وصلاً نحو: سار، وبان، وأكرم، اعشوشب يزاد ، ومثل ذلك مع ألف «الاثنين « ذهبا، ويشبع مد ألف الضمير لئلا تلتبس في النطق بالفتحة في ذهبَ، فالألف تمد نطقاً. وكذلك إن اتصلت بالماضي تاء التأنيث — وهي حرف — نحو: قامت هند، أو جلست.

وتحذف الألف من الفعل الماضي المقصور إن اتصلت به تاء التأنيث، نحو: هند غدت، حذفت الألف، لأجل التقائها بالتاء التي هي علامة فعل المؤنث، ولكنها لاتحذف في الخط عند إسنادها إلى المفرد الغائب نحو: زيد غدا ودعا ومشى، فالألف تتكمش في الوقف، وتبقى الفتحة دليلاً عليها، ولكنها لا تحذف في الخط نحو: زيد غدا ودعا ومشى، فالألف في الوقف لا تشبع مداً، ولا يسكن ما قبلها بل يفتح وقفاً، ليكون دليلاً عليها. وقد حذفت الألف عند اتصال الفعل بتاء التأنيث، وواو الجماعة، هند غدت، الأولاد غدوا. وترد إلى أصلها إن اتصل بالفعل ألف الاثنين أو نون النسوة: الولدان غدوا. والبنات غدون. [٧٢]

---

٧١ () ارجع إلى: التتمة، ص ٥٦، الإعْلال والإبدال ص ٨٠.

٧٢ () ارجع إلى: ملحة الإعراب، ص ٨٠.

ثانياً- المضارع وللمضارع في تصاريفه ثلاثة عشر وجهاً، منهم: اثنان للمتكلم، وهما: ضمير المفرد المتكلم المستتر نحو: انصر، وضمير الجمع المستتر

نحو: ننصر. وخمسة للمخاطب، وهي: المخاطب المفرد: تنصر، والمخاطبة المؤنثة: تنصرين، والمثنى المخاطب تنصران، والمخاطب الجمع: تنصرون،

والمخاطبات المؤنثات تنصرن، وستة للغائب، وهي: المخاطب الغائب نحو: محمد ينصر، والمفردة الغائبة هند تنصر، وألف الاثنين للغائبين نحو: ينصران،

جمع الغائبين: ينصرون، وجمع الغائبات ينصرن.

ثالثاً- الأمر: وللأمر من هذه التصاريف خمسة أوجه لا غير، وهي المخاطب المفرد: انصر، والمخاطبة المؤنثة: انصري، والمثنى المخاطب نحو: انصرا،

والجمع المخاطب: انصروا. وجمع الإناث المخاطبات: انصرن.

ولا يسند الأمر لغير هذه الضمائر؛ لأنه لا يكون إلا لضمائر المخاطب، وقد تناولنا التغيرات التي تقع في الفعل عند إسناده إلى الضمائر في موضوعات

الحروف التي يقع فيها قلب أو حذف، أو تضعيف.

* * *

بناء الأمر من الأفعال

أفعال الأمر مبنية الآخر على السكون، وسكونها سكون بناء لا جزم.

الأمر من صحيح الآخر

يبنى الأمر من الفعل المضارع، فإذا أردت أن تصوغ فعل الأمر، حذفت حرف المضارعة من فعله المستقبل؛ لأنه زائد، ومثال الأمر على صيغته، وحركته كحركته، فإن أمرت المذكر قلت: يدحرج: دَحْرِج. يثب (من وثب): ثِب (حذفت الواو من أوله).

وإن أمرت المؤنث زدت عليه ياء ساكنة، يقال: دحرجى، ثبى، ويلزم كسر ما قبل ياء الضمير. وإن أمرت اثنين من الذكور والإناث قلت: دحرجا، ثبا. ويلزم فتح ما قبل الألف.

وإن أمرت جماعة من ذكور مما يعقلون قلت: دحرجوا، وثبوا. ضم ما قبل واو الجماعة.

وإن أمرت جماعة من الإناث يعقلن قلت: دحرجْنَ. ثِبْنَ. ويلزم سكون ما قبل نون جمع الإناث.

وإن كان الحرف الذي يلي حرف المضارعة ساكناً كالحاء في «يحذر»، والنون في «ينطلق «. والسين في استخرج، زيدت همزة الوصل بعد حذف حرف المضارعة لئلا يبتدأ بالساكن في أولها بعد حذف حرف المضارعة. يقال: احذرْ، انطلقْ، استخرجْ.

وتثبت هذه الهمزة إذا ابتدأت، أول الكلام، وتسقط في الوصل، في اللفظ أو النطق فقط، ولكنها لا تسقط خطاً فهمزة الوصل تسقط في اللفظ، إذا اتصلت بكلام قبلها، وإن ثبتت في الخط. وقد شذ من ذلك فعلان سكن ما بعد حرف المضارعة فيهما، ولم تدخل همزة الوصل عليها، وهما: خذ، وكل، فالمضارع منهما: يأخذ، ويأكل، ويجوز ذلك أيضاً في فعلين آخرين، وهما: سأل وأمر، فالمضارع يسأل، يأمر. يقال في الأمر منهما: مُرْ. سَلْ. ويجوز أيضاً فيه جلب همزة الوصل إليه أيضاً، يقال: اسأل، أُمر.

وقد ورد الوجهان في القرآن الكريم، قال تعالى: ﴿سَلْ بَنِيٓ إِسْرَٰٓءِيلَ﴾ [البقرة:٢١١] بحذف همزة الوصل. وقوله تعالى: ﴿فَسْـَٔلْ بِهِۦ خَبِيرًا﴾ [الفرقان:٥٩]. بإلحاق الهمزة في الوصل، وتأتي همزتا الوصل والقطع بالحركات الثلاث:

١- الفتح، وذلك إذا انضم حرف المضارعة، وكان فعله الماضي رباعياً، نقول في الأمر: أكرم زيداً. وأنصف عمراً، قال تعالى: ﴿وَأَحْسِن كَمَآ أَحْسَنَ ٱللَّهُ إِلَيْكَ﴾ [القصص:٧٧] ، فالهمزة في أوائل هذه الأفعال همزة قطع، وتكون مفتوحة؛ لأن الأفعال الماضية: أكرم، أنصف، أحسن. أفعال رباعية، وحرف المضارعة مضموم.

٢- الضم، وذلك إذا كان الحرف الثالث من الفعل مضموماً ضماً لازماً، وذلك نحو: يخرج، يسكن، يقال: اُخْرُجْ، اُسْكُنْ.

٣- الكسر، وذلك إذا كان ثالث الفعل المضارع مكسوراً، أو مفتوحاً، والأمر من فعل خماسي أو سداسي، وذلك نحو: يضرب: اضْرِبْ. يذهب: اذْهب. ينطلق: انطلق. يستخرج: استخرج. ونلاحظ أن الفتح والضم، والكسرة في همزة الوصل[٧٣].

الأمر من المدغم

إن أمرت من فعل آخره حرف مشدد، جاز لك إن كان مسنداً لمذكر مفرد وجهان الأول- أن تبقى على الإدغام نحو: غضَّ، يغض يقال: غُضَّ بصَرك، ويتحرك آخره، فرأى بعض العرب كسر حركة آخره نحو: غُضِّ، ومنهم من فتحه طلباً للتخفيف، ومنهم من ضمه لتتبع حركة ما قبله: غُضُّ، فالضاد المشددة جاز فيها الكسرة والفتح والضم.

والثاني- أن تُظْهِر الحرفين أو تَفُك المدغم، يقال: اغضض بصرك، ويلزم في ذلك سكون الحرف الأخير؛ لأن ما قبله تحرك بحركته.

وإن كان الأمر للواحدة من المؤنث زدت الياء على آخره، ولم تفك الإدغام نحو: غُضِّي بصرك، ويلزم تحرك ما قبل ياء المخاطبة بالكسر.

وإن كان الأمر لاثنين زدت الألف في آخره، وفتحت ما قبلها، لأن إشباع الألف يلزمه فتح ما قبله، مثلما لزم مد الياء كسر ما قبلها ، ولم يفك المدغم نحو: غُضَّا فى أمر

---

٧٣ () ارجع إلى: شرح ملحة الإعراب، ص ٨٣، ٨٤.

المثنى.

وإن كان لجمع الذكور زدت واو الجماعة في آخره دون فك المدغم، ويلزم ضم ما قبلها، ويقال: غُضُّوا. وإن كان لجماعة من المؤنث لزم فك المدغم؛ لأن نون النسوة يلزمها سكون ما قبلها، ففتحت الحرف الأول من المشددين، فيفك المدغم، يقال: أيتها النسوة اغضضن من أبصاركن.

الأمر من معتل الآخر: إذا كان آخر الفعل المضارع حرف اعتلال، حذفته في الأمر، فإن كان ألفاً، أبقيت — بعد حذفها — فتحة تدل عليها نحو: يسعى: اسع، ويتولى: تولَ، قال تعالى: ﴿فَتَوَلَّ عَنْهُمْ فَمَآ أَنتَ بِمَلُومٍ ﴿٥٤﴾﴾ [الذاريات]. فتول فعل أمر مبنياً على حذف حرف العلة، وحركة الفتح فوق اللام دليل على الألف المحذوفة، وحكم الفتح في هذا الموضع الوجوب.

وإن كان حرف العلة واواً قبلها ضمة أبقيت الضمة، لتدل على الواو المحذوفة في الأمر نحو: يغدو: اغدُ يا زيد. وإن كان حرف العلة ياء حذفتها، وأبقيت بعد حذفها كسرة تدل عليها، نحو: يرمي: ارمِ. ومنه قوله تعالى: ﴿فَاقْضِ مَآ أَنتَ قَاضٍ﴾ [طه:٧٢] فحذف حرف العلة الياء وحركة الكسر على الضاد دليل عليها.

وإن وقفت على شيء من ذلك جاز لك أن تقف عليه بالسكون تقول: اخشْ. اُغدْ. ارمْ. وجاز أن تقف عليه بحركة، فتقول: اخشَ، اغدُ، ارمِ، وجاز أن تزيد عليه هاء، لبيان الحركة فتقول: اغده، ارمه، اخشه. ومنه قوله تعالى: ﴿فَبِهُدَىٰهُمُ ٱقْتَدِهْ﴾ [الأنعام:٩٠]. اقتده فعل أمر مبنياً على حذف حرف العلة، وحركة الكسر الدالة عليه، واجتلبت هاء السكت لبيان الحركة، وحكم مجيء الهاء الجواز [٧٤].

الأمر من الأجوف: الأجوف نحو: قال يقول، وباع يبيع، خاف يخاف، والأمر على النحو الآتي:

١- الأمر للمفرد المذكر: خَف، قُل، بع، يحذف حرف العلة لالتقاء الساكنين (حرف

---

٧٤ () شرح ملحة الإعراب ص ٨٧.

العلة والحرف الأخير الساكن).

٢- الأمر للمفردة المؤنثة: خافي، وقولي، بيعي. لم يحذف حرف العلة، لزوال علة الحذف، وهي تحرك ما قبل الياء بالكسر.

٣- الأمر للاثنين: خافا، قولا، بيعا. لم يحذف حرف العلة لعدم سكون الأخير، وتحركه بالفتح.

٤- الأمر لجماعة الذكور: خافوا، قولوا، بيعوا، لم يحذف حرف العلة لتحرك الأخير بعده.

- الأمر لجماعة الإناث: أيتها الفتيات، خَفْن، قُلْن، بِعْن. حذف حرف العلة، لسكون الأخير، وتفسير ذلك أن الفعل الأجوف (وهو معتل الوسط) ساكن الوسط، والحرف الذي يليه حرف الإعراب وتقع عليه علامة البناء، وهي السكون في الأمر، فسكن الحرف الأخير، لأجل الأمر، فالتقى ساكنان، والقاعدة تلزم حذف أحد الساكنين، ومن الأصول أنه متى التقى ساكنان، أحدهما الحرف المعتل، كان المحذوف حرف العلة.

* * *

علامات الترقيم

علامات الترقيم رموز اصطلح عليها علماء الخط أو الكُتَّاب ، لتعين القارئ على فهم المراد من المكتوب، وهي تقابل ما يستعين به المتكلم من تعبيرات صوتية وحركية في الخطاب الشفهي، فاللغة عندما تكتب تفقد بعض جوانبها التعبيرية، ولهذا يعد الخطاب الشفهي أسرع فهماً من الخطاب المكتوب، فاستعان علماء الخط أو الكتاب برموز اصطلاحية، تزاد في الكتابة بين الكلمات والجمل، لتيسيرعملية الفهم عند القارئ، وتغنى الكاتب عن كتابة بعض الكلمات التي ترشد القارئ، فالنقطة (.) مثلاً في نهاية الفقرة تعني انتهاء الكلام، ورمز التعجب (!) يغني عن ذكر ألفاظ تدل على الدهشة أو التعجب.

ورمز الاستفهام (؟) في الجمل التي يدل سياقها على الاستفهام دون أداة ويغنى عن إشارته إلى الاستفهام لفظاً نحو: أنت محمد ؟. فالرمز (؟) أغنى عن قوله:أسألك: أأنت محمد ؟. وتوالي النقط في الخط «.....» يعنى أن الكاتب: سكت عن كلام غير مباح أو كلام فيه سرد أو كثرة التفاصيل، أو غير ذلك مما سوف نبينه لك.

وأهم هذه الرموز الكتابية:

١- **الفاصلة «،»:** وهي عبارة عن رمز يشبه الواو مقلوبة، والغرض من وضعها أن يسكت القارئ عندها سكتة ضعيفة، لمعرفة نهاية الجملة ولتيسير فهم القارئ. ولها مواضع تأتي فيها:

الأول – الفصل بين أجزاء الشيء أو أقسامه، مثل: الأزمنة ثلاثة: الماضي، والحاضر، والمستقبل. ومثل: فرض الـلـه تعالى خمس صلوات: الفجر، والظهر، والعصر، والمغرب، والعشاء.

وتغنى الفاصلة عن ذكر حرف العطف في النص المكتوب نحو: التقديرات الجامعية تنازلياً: ممتاز، جيد جداً، جيد، مقبول، وضعيف، ضعيف جداً. فالفاصلة أغنت عن ذكر «ثم » التي تدل على العد التنازلي، وهذا جائز إن لم يقع التباس.

الثاني- الفصل بين الجمل المتلاحمة في المعنى أو التي يربطها سياق واحد، نحو:

اغتصبت الصهيونية فلسطين، وطردت كثيراً من أهلها، وقتلت بعضهم، وتعقبت زعماءهم.

الثالث- الفصل بين لفظ المنادى، وما يخبره المنادى به نحو: يا محمد، أكرم الضيف. يا على، أقم الصلاة.

الرابع – أن تأتي بعد حرف الجواب في أول الجملة نحو: نعم، أحب ديني. لا، لم يأت محمد. بلى، اللـه واحد. كلا، إني معي ربى.

ولا يجوز الفصل بها بين متصلين نحو: المضاف والمضاف إليه، والمبتدأ والخبر، والفعل والفاعل والمفعول....

٢- **الفاصلة المنقوطة** « ؛ » وهي عبارة عن واو مقلوبة أسفلها نقطة، وهذا الرمز يفصل به بين الجمل في المواضع الآتية:

- أن توضع بين جملتين مترابطتين، والثانية منهما مسببة عن الأولى نحو: خسر المعركة؛ لأنه لم يحسن التدريب. رسب في الدراسة؛ لأنه لم يذاكر.

- أن توضع بين جملتين ثانيتهما نتيجة عن الأولى في الحدوث أو مترتبة عليها نحو: أنفق دون وعي؛ فأضاع ثروته. أهمل المذاكرة؛ فأخفق في الدراسة.

- أن توضع بين جمل طويلة يربطها سياق واحد، فتليها الجمل التي يخشى الخلط بينها وبين ما سبقها لطول السرد، أو الجمل التي تأتي نتيجة ترتبت على ما سبقها، نحو: مفهوم الأمة لايعني وحدة الجنس واللغة والأرض فقط على نحو ما يرى مفكرو الغرب، بل يعنى وحدة العقيدة والثقافة والمشاعر أيضاً؛ فالدين ركن أساس في وحدة الأمة العربية والإسلامية؛ وهو ما يأباه الفكر الغربي العلماني.

٣- **النقطة** «.»: وهي تشبة رمز الصفر في علم الحساب «الرياضة »، وتسمى الوقفة، وترمز إليها في الخط، وتوضع في المواضع الآتية:

* الجملة التي تم معناها أو الجملة الإخبارية الجوابية نحو قولنا: أبو بكر الصديق (رضى اللـه عنه) أول الخلفاء الراشدين. وجواب قولك: من هذا ؟ يقال: محمد. أى: هذا محمد.

* نهاية الفقرة أو الفكرة التامة، وهي عبارة عن جزء من النص المكتوب يربطه سياق واحد في المعنى وموضوعه واحد، وهذا مرتبط فقط بالفقرة التي تنتهي بجملة إخبارية.

* نهاية النص المكتوب الذي انتهي بجملة إخبارية، وهذا يشمل كل النصوص التي لا تنتهي بجمل إنشائية، فالنقطة لا تأتي في إنشاء.

٤- **النقطتان القائمتان** «: «: وهما عبارة عن نقطتين في وضع رأسي إحداهما تعلو الأخرى، وتوضعان في المواضع الآتية:

* أن يكون ما بعدها تعريفاً لما سبقها، نحو:الكلام: منطوق يحسن السكوت عليه، وتتم به الفائدة. و عند النحاة: الجملة المركبة المفيدة، نحو: ذهب على، أو شبهها مما يكتفي بنفسه نحو: يا على. بمعنى أنادي أو أدعو علياً.

* أن يكون ما بعدهما في موضع مقول القول، أو ما في معنى القول نحو: قلت لمحمد: أنا مسافر غداً، فقال: وأنا بعد غدٍ. ومثل: نصيحتى لكم: لا تيئسوا من رحمة اللـه، واصبروا. وهي بمعنى القول.

* أن يكون ما بعدهما أمثلة؛ فتلى لفظ مثل ونحو، أو الألفاظ التفسيرية نحو: «يعنى»، «أي».

* أن يكون ما بعدهما تفصيلاً لأجزاء ما قبله نحو: فصول السنة أربعة: الربيع والخريف، والشتاء، والصيف. ونحو: فرض اللـه تعالى خمس صلوات: الفجر، و الظهر، والعصر، و المغرب، والعشاء. ونحو: يتضمن الكتاب ثلاثة أبواب: الأصوات، والصرف، والنحو.

* أن يكون ما بعدهما توضيحاً لما قبلهما نحو: النوم مبكراً فيه فوائد عظيمة منها: إدراك صلاة الفجر في وقتها، والنشاط في العمل، وعدم الغفلة.

٥- **الشرطة الأفقية** «- « يطلق عليها أيضاً الفصلة وتوضع في المواضع الآتية:

* أن تكون بين العدد والمعدود نحو: الخبر ثلاثة أنواع:

النوع الأول — خبر المفرد.

النوع الثاني — خبر الجملة، والخبر الجملة ثلاثة أنواع: الأول خبر الجملة الأسمية. والثاني — خبر الجملة الفعلية. النوع الثالث — خبر شبه الجملة، وفيه قسمان: الأول — خبر شبه جملة جار ومجرور. الثاني - خبر شبه جملة ظرف ومضاف إليه. وهما يتعلقان بمتعلق سابق محذوف يقدر في الكلام.

والعلامة « — » توضع بعد الأعداد الحسابية والمعدود، والأعداد الحسابية: ١، ٢، ٣، ٤، ٥.... ، وتوضع أيضاً بعد: أولاً، ثانياً، ثالثاً... وأهل اللغة يفضلون أن يكتب العدد الحسابي لفظاً في النصوص الأدبية، فيقولون: الأول- كذا. أو أولاً-.. والرمز الحسابي (١، ٢، ٣،.....) يفضل عند علماء الحساب.

* أن تكون أول السطر في حوار أو مناظرة أو سرد شروطه أو مبادئ أو أركان.

* أن توضع بين ركني الجملة التي طال عرض صدرها أو الركن الأول منها، لوجود حشو بينها وبين الركن الثاني: كالصفات أو الجمل الوصفية والحالية أو الإضافة أو العطف، فيخشى الخلط بين ما يتعلق بالركن الأول، وما يتعلق بالركن الثاني، فتوضع الشرطة لتفرق بين الركن الثاني والجمل التي تفصل بينه وبين الركن الأول، وذلك نحو: القائد الذي يحسن قيادته، يؤدي واجبه مخلصاً لوطنه، يرعى مصالحه - قائد عظيم ، ونحو:العمل الجاد لرفعة البلاد، و نهضتها، وإنقاذها من التبعية - هو الأمل في غد مشرق. ما بعد الشرطة الأفقية خبر المبتدأ.

* الفصل بين جملة الشرط وجواب الشرط الذي يأتي بعد سرد، نحو: من يعمل بإخلاص، ويحرص على مصالح وطنه، ويتق الـلـه فيه - يعظم الـلـه — تعالى — أجره، ويحسن خاتمته.

٦- **الشرطتان الأفقيتان**، وبينهما كلام -..... -: يستعملها بعض الكتاب لعزل الجملة الاعتراضية التي لا تدخل في أساس الجملة أو النص ، والجمل التي تقع بين الشرطتين الجمل التفسيرية، والدعائية، والتوبيخية، وغير ذلك من الجمل التي تعقب على ما سبقها، نحو: إن الـلـه — تعالى — كرم الإنسان، على ألسنة أنبيائه — عليهم

السلام — فالإنسان — هو خلق ذو عقل — رفعه الـلـه — تعالى- فوق خلقه جميعاً، وأعظم الخلق تكريماً محمد — صلى الـلـه عليه وسلم — وكان أعبد الناس لله —تعالى- وأذل الخلق منزلة وأبعدهم مكانة إبليس - لعنه الـلـه - تعالى — فقد عصى الـلـه — تعالى — وأغوى عباده بالمعصية.

وبعض العلماء يستبدل الشرطتين بقوسين (...)، والمشهور الأول، لاختصاص القوسين بمواضع أخرى سنذكرها لك.

٧- **علامة الاستفهام** «؟» وهي رمز يشبه الخاطوف القائم (الخُطَّاف) أو المنجل المعكوف، وأسفله نقطة، ويوضع هذا الرمز في ذيل الجمل الإنشائية التي تدل على الاستفهام نحو: هل أتى محمد ؟ أهذا كتابك ؟

وقد يكتفى في الخط بذكر الرمز « ؟ «، وتحذف أداة الاستفهام نحو: أنت محمد ؟ أتيت متأخراً ؟ فيفهم القارئ من الرمز «؟» أن الجملة استفهامية، ويفهم السامع أنها استفهام من النبر و التنغيم في الجملة المنطوقة، فلا وجود لعلامات الترقيم في غير الخط أو النص المكتوب.

٨- **علامة التأثر** «!»: وهي رمز يشير إلى ما ينتاب الإنسان من انفعالات، كالتعجب، والتمني، والدهشة، والفرح، والحزن، والدعاء، والاستغاثة، والوعيد نحو: ما أحسن القمر! ياالجمال هذا الليل الهادئ ! لقد ضاعت جهودنا هباء ! غفر الـلـه لنا! يا للمجاهدين لنصرة أهل العراق ! ويل للأعداء ! ليت الشباب يعود يوماً !

٩- **علامات الحذف:** وهي عبارة عن نقط «....... « توضع في موضع ما حذف أو ما سكت الكاتب عن ذكره، وقد يأتي بها بعدما اكتفى بنقله من كلام غيره، وذلك نحو: العدل أساس الملك، وقد سمعت الخطيب يقول: « إن الـلـه - تعالى — أمر ولاة الأمر بالعدل في الرعية.... «.

وقد يرمز الكاتب بهذه النقط إلى ما سكت عنه من كلام قبيح يحذر ذكره أو يتعفف عن كتابته من ألفاظ الفحش أو الألفاظ التي تتعلق بالعورة، والجنس نحو: سمعت فلاناً غاضباً يقول: كذا... وكذا.... ويستخدمها الكاتب بعد ذكر المهم من الكلام،

ويستخدمها في المواضع التي يعرفها القارئ، ويحيله إلى معرفته بها، أو يرمز بها عما يخشى ذكره.

وقد يستخدمها للدلالة على نص مفقود أو كلام ناقص لم يعثر عليه في مخطوط أو بيت شعر أو شطره مفقودين من قصيدة، فيضع النقط.

١٠- **علامات التنصيص**، ولها رموز عديدة، وهي:

* الفصلتان «..... »: وهما عبارة عن رمزين يشبهان الضمة مقلوبين، وتستخدمان للدلالة على أن ما بينهما قول منقول أو مأثور، ويستعين بها الباحث للدلالة عما ينقله عن غيره، سواء أكان نصاً دينياً أو أثراً أو مثلاً أو قولاً أو ما نقل إلى النص من نص آخر أو ما زيد فيه محتفظاً بنصه، أو ما يقتبسه عن غيره من نصوص.

* القوسان (...): والغرض منهما الحصر والتحديد، ويستخدمان في الجمل الاعتراضية التي تأتي تعليقاً على بعض ما يتعلق بالجملة الأساسية، وتعد عند بعض الكتاب بديلاً للشرطتين الأفقيتين -.....-، وتستخدم كذلك مع الجمل التفسيرية، والمعاني، وألفاظ الاحتراس، و الألفاظ التوضحية والتعليقات، مثل: كان أهل اللغة قديماً يصفون الحروف المتشابة؛ لئلا يلتبس بعضها ببعض أو تصحف، فيقولون: الحج بالحاء (المهملة)، والجيم (المعجمة) ويستخدم كذلك في جمل الدعاء نحو: عمر (رضى اللـه عنه) ثاني الخلفاء الراشدين، وشرح المعنى نحو: القُروء مفردها قُرْء (الطهر).

وعلامة تنصيص النص القرآني: "..." وهي علامة مميزة خُصّت بالنص القرآني، ولا يستحب استخدامها في غير القرآن الكريم.

والمشهور في كتابة نص الحديث الشريف أن يكتب بين الفاصلتين المقلوبتين: «... »، ولك أن تضعه بين قوسين (.....) لا يشبهان قوسي النص القرآني".....»، والأول هو المرجح.

ونبين ذلك فيما يأتي:

كان علماء المسلمين الأوائل — رحمهم الله تعالى، وعفا عنهم — يشرحون بعض ألفاظ القرآن الكريم، ويعلقون عليها، فيكتبون بعض المعاني إلى جوار اللفظ، وفعلوا ذلك في الحديث الشريف؛ فتوهم بعض جهلاء المتأخرين — قاتلهم الله تعالى — أن تلك الشروح والمعاني من النص القرآني أو أنها قراءة أخرى فيه؛ فزعم بعض أعداء الإسلام — لعنهم الله تعالى — أن في النص القرآني اختلافاً، واتخذوا ذلك مطعناً فيه؛ فنهى العلماء عن كتابة المعاني أوالتعليقات في النص.

وقد جاء في « صحيح البخاري « (باب متى يستوجب الرجل القضاء): «.. وقال الحسن: أخذ الله على الحكام أن لا يتبعوا الهوى، ولا يخشوا الناس، ولا يشتروا بآياته ثمناً قليلاً ثم قرأ: ﴿ يَٰدَاوُۥدُ إِنَّا جَعَلْنَٰكَ خَلِيفَةً فِى ٱلْأَرْضِ فَٱحْكُم بَيْنَ ٱلنَّاسِ بِٱلْحَقِّ وَلَا تَتَّبِعِ ٱلْهَوَىٰ فَيُضِلَّكَ عَن سَبِيلِ ٱللَّهِ ۚ إِنَّ ٱلَّذِينَ يَضِلُّونَ عَن سَبِيلِ ٱللَّهِ لَهُمْ عَذَابٌ شَدِيدٌۢ بِمَا نَسُوا۟ يَوْمَ ٱلْحِسَابِ ﴾ [ص:٢٦] ، وقرأ: ﴿ إِنَّآ أَنزَلْنَا ٱلتَّوْرَىٰةَ فِيهَا هُدًى وَنُورٌ ۚ يَحْكُمُ بِهَا ٱلنَّبِيُّونَ ٱلَّذِينَ أَسْلَمُوا۟ لِلَّذِينَ هَادُوا۟ وَٱلرَّبَّٰنِيُّونَ وَٱلْأَحْبَارُ بِمَا ٱسْتُحْفِظُوا۟ مِن كِتَٰبِ ٱللَّهِ وَكَانُوا۟ عَلَيْهِ شُهَدَآءَ ۚ فَلَا تَخْشَوُا۟ ٱلنَّاسَ وَٱخْشَوْنِ وَلَا تَشْتَرُوا۟ بِـَٔايَٰتِى ثَمَنًا قَلِيلًا ۚ وَمَن لَّمْ يَحْكُم بِمَآ أَنزَلَ ٱللَّهُ فَأُو۟لَٰٓئِكَ هُمُ ٱلْكَٰفِرُونَ ﴾ [المائدة:٤٤] ، وقرأ: ﴿ وَدَاوُۥدَ وَسُلَيْمَٰنَ إِذْ يَحْكُمَانِ فِى ٱلْحَرْثِ إِذْ نَفَشَتْ فِيهِ غَنَمُ ٱلْقَوْمِ وَكُنَّا لِحُكْمِهِمْ شَٰهِدِينَ ﴿٧٨﴾ فَفَهَّمْنَٰهَا سُلَيْمَٰنَ ۚ وَكُلًّا ءَاتَيْنَا حُكْمًا وَعِلْمًا ﴾ [الأنبياء:٧٨] ، فحمد سليمان ولم يلم داود، ولولا ما ذكر الله من أمر هذين؛ لرأيت أن القضاة هلكوا، فإنه أثنى على هذا بعلمه، وعذر هذا باجتهاده» (٧٥).

والشاهد في النص قوله تعالى: ﴿ بِمَا ٱسْتُحْفِظُوا۟ ﴾ ثم كتب إلى جوارها معناها « استودعوا «، وكان هذا جائزاً في غير المصحف، وقد نهى العلماء عن الكتابة في المصحف، وقيل: إن معنى «لا تكتبوا عني شيئاً» في المصحف؛ لئلا يتوهم أنه منه، وهو من كلام النبي ﷺ.

ولفظ «استحفظوا» تفسير زيد على النص القرآني وعلامتا -.......- من وضع صاحب الطبعة (دار إحياء الكتب العربية) والمشهور في اصطلاح المعاصرين أن توضع

---

٧٥ () صحيح البخاري بشرح السندي، طبعة دار إحياء الكتب العربية ، جـ ٤/ ٢٣٧، ٢٣٨.

الزيادة بين علامتي الزيادة [...] . وتعنيان زيادة ما بينهما عن متن النص.

* علامة تنصيص ما زاد عن لفظ النص أو أضيف إليه أو ما اختلف فيه [....].

ويستخدم هذا الرمز فيما زاد على النص الأصلي نحو: جاء في تلخيص المنطق الأرسطي لابن رشد: " الاختلاف في الرأي لا يفسد الود [وقد قيلت خطأ للود] قضية " [٧٦] .

المعقوفان [....] تحصر بينهما الإضافات ، ويرمز بها في التحقيق إلى ما زيد في النص المحقق ويشير المحقق إلى المصدر في الهامش، وتستخدم في الغالب لما زاد عن النص أو ما أضيف إليه، أو ما استدرك عليه من نسخة أخرى، جاء في مقدمة طبقات فحول الشعراء [تحقيق محمود محمد شاكر]: «[أبو عبد الله محمد بن عبد الله بن أَسِيد قال: قُرئ على القاضي [وهو] [الفضل بن الحُبَاب الجُمـ]ـحى أبو خليفة، قال محمد بن سلام الجمحي...»، وما بين المعقوفين زيادة من نسخة أخرى رجع إليها الشيخ شاكر -رحمه الله تعالى.

ويستخدم أيضاً في كتابة ترقيم الآيات التي يحتج بها أو تجتزأ من المصحف الشريف نحو: ﴿ ٱلْحَمْدُ لِلَّهِ رَبِّ ٱلْعَٰلَمِينَ ﴾ [الفاتحة: ٢].

وبعد، فقد انتهينا من بعض مبادئ تعليم اللغة العربية في تعليم النطق والكتابة، وقد أفردنا كتاباً آخر لقواعد النحو، والحمد لله رب العالمين.

الدكتور محمود أبو المعاطى عكاشة
محمد فريد - القاهرة
زيزينيا - الإسكندرية

٧٦ () وقد قيلت خطأ: الاختلاف في الرأي لا يفسد للود قضية. وقد شاع هذا الخطأ بين المثقفين.

الفهرس

* * *

Printed in the United States
By Bookmasters